男の子の
やる気を引き出す

朝のことば

平岡宏一
清風中学・高等学校 校長

ビジネス社

清風学園の四季

入学式。毎年、中学校は350人、高校は外部より300人ほどが入学する。

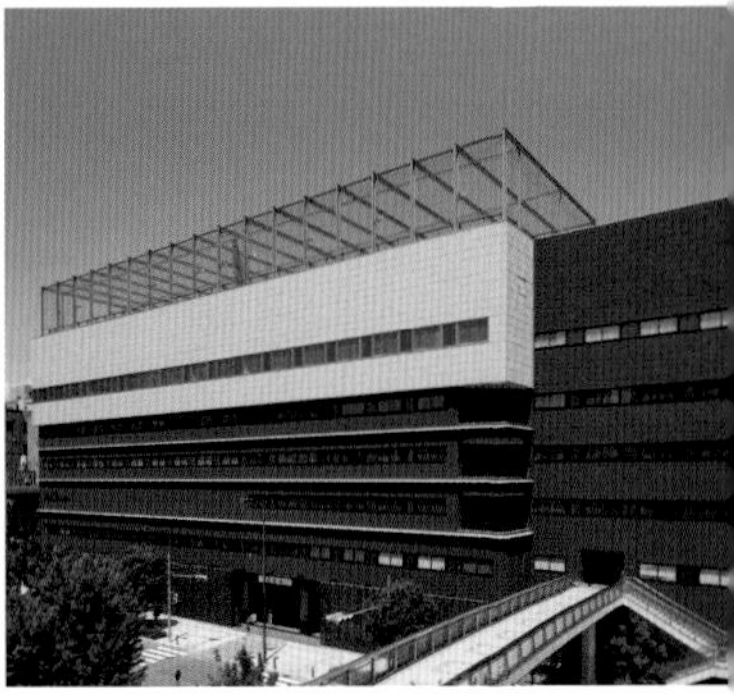
校舎の外観。最上階は体操場として利用されており、屋上にはテニスコートがある。

4月に全学年希望者で行われるハイキング。九度山から上古沢までを歩く。

7月には全学年希望者による富士登山があり、ご来光を拝む。

8月に3泊4日で行われる勉強合宿。座学ばかりでなく、さまざまな体験学習がある。

9月の文化祭。クラスやクラブによる発表や模擬店でにぎわう。

全力でぶつかり合う10月の体育祭。予選で勝ち残ったクラスが競う。

3月の卒業式。さまざまな思い出を
胸に巣立っていく。

1月には四天王寺の修正会結願法要
「どやどや」に参加。

はじめに

清風学園は、中学・高校からなる男子校です。

最近の日本では男女別の学校が共学に変わるケースがよく見られ、特に男子校は絶滅危惧種のようになっていますが、アメリカ、カナダ、オーストラリア、ニュージーランドなどでは、逆に共学から男女別学へと流れが移っていると言われています。

慶應義塾大学総合政策学部の中室牧子《なかむろまきこ》教授に教えていただいたことですが、たとえば、50メートル走の場合、男子は射幸心《しゃこうしん》を煽《あお》ったほうがタイムは伸びるが、女子は射幸心を煽ってもタイムは伸びず、むしろ仲良くコミュニケーションを取らせたほうがタイムは伸びるそうです。つまり、性差を意識して、それぞれに特化した教育のほうが教育効果が上がりやすいとされてきているのです。男女別のほうが異性の眼を気にせずに自分の個性をしっかり伸ばせ、剥《む》き出しの自分が出せて友情を育《はぐく》む環境にも適していると言えます。

本校でも卒業生によると、困ったときの相談は中・高時代の友人にするという話をよく耳にします。日本でも男女別学の良さが再び評価されるときが来るのではないかと期待しています。

本校では仏教を中心とした宗教教育を実践し、毎朝、朝礼を行っています。晴れた日は全校生徒が校庭に集まり、雨の日はテレビを使って教室で行います。

朝礼では全員で般若心経を読経し、私の講話があります。21世紀を担うリーダーとなるであろう生徒諸君に役立つと思われる心の持ち方、物事の考え方、そして参考になるであろう学校の先輩や各界の著名人の話などを交え、心を込めて話をしています。本書は、その話を集めたものです。

さて、本校の建学の精神は「徳・健・財、三拍子そろった姿でルールを守り、世の中のために尽くす人間となるために勤勉努力する人材を育成する」としています。

建学の精神に〝財〟が入っているのが特徴的ですが、仏教でも『入中論広釈《にゅうちゅうろんこうしゃく》』の中に〝貧困により飲食・薬が欠乏して日々の生活に追われてばかりでは、修行をしていく機会を得ようがない〟との趣旨が述べられています。正しい予算生活ができること

はじめに

は、自分を育んでいくうえで重要と考えています。

また、本校は文武両道を旨として、学問だけではなくスポーツにも力を入れています。卒業生は体操を中心にオリンピック選手が14人、金メダル9個を含むメダル32個を獲得しています。本書の中でもスポーツ選手のエピソードをいくつか取り上げましたが、これは普通の人間が何年もかかって到達できるか否かの境地に、スポーツを通じて若くして到達する人を何人も見てきたからです。

その多くのケースで、才能よりも人格、考え方が重要であったと感じています。

本書の出版にあたって、清風学園の朝礼はいつから始まったのか調べてみました。学園長平岡英信《ひらおかひでのぶ》先生にうかがうと、早い時期からやっていたと思うが、覚えていないとおっしゃいます。校祖平岡宕峯《ひらおかとうほう》先生の運転手兼秘書をしていた山本庄蔵《やまもとしょうぞう》さんに聞いても、よくわからないということでした。

本校を昭和34年に卒業し、現在は教育監をお願いしている葛本一彦《くずもとかずひこ》先生にうかがうと、その頃はすでに朝礼を毎日やっていたようです。

そこで、昭和24年3月に卒業した第1期生の藤内英夫《とうないひでお》さんにお尋ねすることにしました。お電話をしますと、藤内さんはすでに89歳。頭はしっかりしておられますが耳が聞こえないので、奥様に通訳していただきました。

最初は奥様から、「申し訳ないが、よく覚えていないと言っています」というお返事でしたが、しばらくすると、電話の向こうから藤内さんの大きな声で、「水は方円《ほうえん》の器《うつわ》に随《したが》い、人は善悪の友に依《よ》る」という言葉が聞こえてきました。そして続けて、「宕峯先生の毎日の朝礼はこの言葉で始まりました」とおっしゃったのです。

調べてみますと、この言葉は平安時代末期から明治初期にかけて普及していた庶民のための教訓を中心とした初等教科書『実語教《じつごきょう》』の中に出てくる言葉で、『韓非子《かんぴし》』を典拠にしており、「水を四角や丸い器に注げば、その形になるように、人間も、付き合う友達によって善にも悪にもなる」という意味のようです。

私は『雑阿含経《ぞうあごんきょう》』の中にある話を思い出しました。それは弟子の阿難尊者《あなんそんじゃ》が釈尊《しゃくそん》に、「善き友を持つことは修行において道半ばなすものか」と問うたこと、すなわち、修行の半分は善き友人を持つことで決まるのではないか、という質問をした話です。

これを受けて釈尊は、「阿難よ、その言《げん》をなすなかれ。善き友を持つことはこの道のすべてである」とお答えになります。

はじめに

善き友達を持つこと、そしてそれは自分が友人の善き友となれるよう心がけることでもあります。「類は友を呼ぶ」の諺《ことわざ》通り、善き友を持てるか否かは、自分自身が自らの心を高めていけるかどうかにかかっていると、私は思います。

校祖はどのような思いで、この言葉を毎日おっしゃっていたのか、今となっては知る由《よし》もありません。ともかく、昭和23年、清風学園が現在の場所に移った頃から、毎日の朝礼は行われてきたことがわかりました。

その校祖の思いをひもとく手がかりとして、最後に清風学園の宗教教育の柱となるものをご紹介しましょう。

それは「智・愚・善・悪」と言い、四つの生き方を示しています。

第一は「悪人の道」です。

この道は、自分の利益のみを考えて、他者をまったく顧《かえり》みない生き方です。

〝自分だけは損をしないでおこう〟と考えながら、目先の利害ばかりにとらわれて、結果的に損をする生き方です。

二番目は「愚者の道」です。

この生き方は、自分のためにも他者のためにもならない生き方です。通常はこのような生き方をするはずがありませんが、怒りに苛《さいな》まれたときにしてしまう可能性があります。

以前、夜勤から帰って来た夫が妻と口論になり、家に放火し、妻も娘も焼け死ぬという事件がありました。痛ましい事件ですが、彼は焼き殺さなければならないほど、妻や娘を憎んでいたわけでは決してないと断言できます。しかし、アンガーコントロールができなかったため、自分も家族も不幸にしました。

現在は、10年後には今ある仕事の49％はなくなっているとされるほど変化の激しい時代です。思い通りにいかないことも多く、ハレーションを起こしやすい時代です。怒りの心とどう向き合っていくかは、とても大切な課題だと思います。

三番目は「善人の道」です。

この生き方は、自分のことを放っておいて、他人のために尽くそうとする生き方です。立派な生き方ですが、継続が難しい生き方と言えます。また、この生き方のことを私が考えるに、構造上、自分に中身がなければ、実際に他者の役に立つのは難しいのではないかと思います。私には〝人はいいけど、役には立たない〟と言われる人のイメージがあります。


最後が智は智者、「福の神の道」です。

この生き方は自利利他です。自利利他はギブアンドテイクではありません。自分を高めていくことによって多くの人々を幸せにしようという生き方です。

ダライ・ラマ法王は、大乗仏教《だいじょうぶっきょう》でいう菩薩道《ぼさつどう》とは〝すべて犠牲にして他者に尽くす〟というような性質のものではないと断言されています。

２０１４年、２回目の来校をされたダライ・ラマ法王は、生徒たちに
「諸君たちは、〝自分の将来〟と〝これからの世界の未来〟とのどちらに興味がありますか」

と問いかけられました。ほんの数人の生徒が〝世界の未来〟のほうに手を挙げたのを見て、

「本当ですか？」

と笑顔で言われた後、このようにおっしゃったのです。

「世界のつながりがますます緊密になっていく時代において、77億人の人がみな、猜《さい》疑心《ぎしん》と敵愾心《てきがいしん》にとらわれている中、自分独りが幸せになるのは難しい。逆に77億人がみな、親切心と助け合いの心でいる中で、独り不幸になるのも難しい。自分の幸・不幸は世界の有り様に密接にかかわってくる時代、自分のことばかりでなく、世界の有り様にも心を向けなくてはいけない」。

人間は社会的な動物ですから、他者の不幸はめぐりめぐって自分にも関係してきます。また、他者の幸福もめぐりめぐって自分に関係してくるでしょう。ダライ・ラマ法王は、自分の目先の損得ばかり考える生き方を〝愚かな利己主義〟と言い、他者の幸福をいつも考える生き方は必ず自分に返ってくるとして〝賢者の利己主義〟とされました。

情報化社会の進展は、その人物がいかなる人物なのか、人間性を含めてすべて赤裸々にしてしまう環境を生み出しました。しかしそれは、逆にいえば、赤裸々になればなるほど間違いない人間、信頼できる人間が評価されうる社会ともいえます。

はじめに

これからの時代、激しい変化が予想され、そのスピードはますます加速していくと思います。そうした中で常に成功し続けることは困難なことかもしれません。しかし、いかなる時代であろうとも、自分の心を成長させることに軸を置いて、〝福の神の生き方〟を羅針盤にすれば、必ずみなが幸せになる道をたどれると確信しています。これを生徒たちにはわかりやすく、「福の神のコースを目指しなさい」と言っています。

私は校祖平岡宕峯先生や、艱難辛苦《かんなんしんく》を乗り越えて現在の学校の基盤をつくった第二代校長平岡英信先生のように、朝礼台に立てば、深い人生経験の中から自然に話す内容が浮かんでくるタイプではありません。仏典や先人の優れた著作をひもときながら、朝から晩まで朝礼のネタを考えています。

四六時中、考えている割には拙《つたな》いお話かもしれませんが、もしいずれかの話が読者のみなさんの人生のヒントにしていただけるようなら、これ以上の幸せはありません。

平岡宏一

第一章　強い心を育てる

第二章

核心に触れるまで努力する

第三章

リーダーに求められるもの

第一章

強い心を育てる

挨拶は自分を伝える大切なもの

おはようございます。

最近、みなさんがしっかり挨拶をしてくれるので気持ちがいいです。

今日は、挨拶がいかに大切かについてお話をしようと思います。

人は第一印象がとても大事です。よく付き合ってみたらいい人だということは当然あることです。しかし、よく付き合ってみるまでいい人かどうかは、わかりません。

だから最初の挨拶はとても大切です。

先日、三井住友銀行の採用担当の部長さんとお話をしました。どういうことを基準にして採用するかというと、大学云々よりも、まず挨拶ができるかどうかで選ぶというお話でありました。

政治家の高市早苗《たかいちさなえ》さんは、大学を出て松下政経塾というパナソニックの創業者松下《まつした》幸之助《こうのすけ》さんがつくった政治塾に入りました。同窓には、野田佳彦《のだよしひこ》元総理などがいます。松下政経塾に入るには試験があります。受験生もたくさんいました。高市早苗さんは、松下幸之助さんの最終面接で、頭が真っ白になって何を言ったかよく覚えていないそうです。これはきっとダメだろうと思ったら、結局は合格しました。

なぜ受かったのかと思って、後に松下幸之助さんに会ったときに、「どうして私を選んでくださったのですか」と聞くと、「入って来たときの挨拶と、出て行くときの挨拶があまりに感じが良かったから合格にした」とおっしゃったそうです。

挨拶というのは、自分を伝える非常に大切なものです。

私は自宅の向かいのマンションの人にも、通勤途中で会う工事の人にも挨拶をしています。そうすると相手も大きな声で「おはようございます」と挨拶を返してくれます。何も言わなかったら、どんな人なのかなと不信感を持ったりしますが、一言挨拶するだけで、感じの良い人だなという印象になります。

これからの時代、自分をどのように伝えるかは大切です。今後も挨拶を通じて、積極的に自分を相手に届ける練習をしてください。

今朝の話はこれで終わります。

自分の心を上手に育てる

おはようございます。

先日、1日に二つのことがありました。

ひとつは、試験中ということで、おそらくプレッシャーがかかっていたのだと思います。誰かがトイレにいたずらをして、使えないようにしました。

もうひとつは、朝、電車の中である人が嘔吐《おうと》して苦しんでいて、他の人たちは嫌がって違う車両へと移って行ったけれど、ある生徒は自分の服が汚れるのもかまわず、しかも、そのために試験に遅れるかもしれないのに、その人の世話をしていた。

自分もそうしたかったけれど、時間がなかったという人もたくさんいたと思います。

でも、彼だって同じだったはずなのです。

まったく同じ日の、まったく同じ学校での出来事です。しかし、この二つの出来事は、２人の生徒の今後の人生に大きな違いをもたらすのです。

いつも私がお話ししていることのひとつに、「悪人の道」というのがありますね。自分は何も悪いことをしようと思ってない。しかし、自分のことで手がいっぱいで、他の人のことをかまう余裕がない。それで、結果的に悪人の道になるということです。

私の80歳になる母がこんなことを言いました。

出世する人というのは親孝行な人が多いので、「親孝行な人が出世するのだろうなあ」とずっと思ってきたけれども、しかし、このぐらいの歳になって考え方が変わった。親孝行な人が出世するというよりは、自分のことで手いっぱいになってしまわないで、親の面倒を見る心の余裕がある人が出世するのだなと思うようになった、と。

なんかむしゃくしゃして面白くないというのでトイレをつまらせた人と、相手の人が困っているなと思って手助けする人とでは大いに違います。

電車に乗り合わせた人が見ていて、あの世話をしていた彼はどうなっただろうかと、あとから学校に電話をかけてきてくれるぐらいですから、これはもうたいしたものなのです。おのずと生徒2人の、その人生の先には違いが出てくるのです。

目先のことばかりにとらわれて行動するのはよくない。やはり、「自分の心」をどういうふうに「育てていくか」、これを心がけなくてはなりません。

電車の中で嘔吐している人を介抱した生徒はたいへん立派だと思う。試験に遅れる可能性があった。嘔吐物で制服が汚れる可能性だってあった。他の多くの人が車両を移って行ったくらいだった。そんな中、ひとりで世話をしていたという。これは何も売名行為で行ったわけではない。

近くで見ていた人が、「自分は仕事で忙しかったからそのまま立ち去ってしまったけれど、ずっと気になっていた。彼が試験に遅れたのではないかと心配だったので」と、学校に電話をくださったのです。

トイレをつまらせた生徒も、電車の中で介抱した生徒も、この同じ学校で同じように試験を受けている人間です。2人の成績がいいか悪いかは知りません。

でも、そうした心ひとつで人生の在り方がまったく変わっていく。そういうことの延長線上に人生があるのです。

誰も見てないといい加減なことをするが、人が見ているからきちんとするというのは、他律的です。自律的な生き方ではない。

今後、さまざまなことが人生では起こります。自分を自分で律していかなければなりません。目先のたった1日先はそうでもないかもしれないけれど、今の自分の心の在り様の積み上げの先に、将来の自分があるのです。

そういうふうにして自分の心を上手に育てていくのです。

電車の中で人助けできるような人間は、必ずその先に「福の神のコース」があるのです、間違いなく。

自分の心を上手に育てていくように、心がけてほしいと思います。

今朝の話はこれで終わります。

柔らかな心でいる

おはようございます。

今の時代、自分の心を統御できるかどうかは、とても大事です。君たちが歩んでいけない道は、「愚者の道」です。愚者の道というのは、自分のためにも他人のためにもならない生き方のことです。

どんなときにこの道を行くかというと、自分がカッとしたときです。カッときてしまったことによって、自分が制御できなくなる。私たちは自分の怒りの感情とどういうふうに向き合っていくのがよいか、これはとても大切な問題です。

そこで、「怒りの質料因」のお話をします。怒りの質料因というのは、自分の心の概念です。自分にとって嫌なことは、あくまでも怒りの条件であって、質料因ではありません。

たとえば、このマイクが役に立たないからといって、私がこのマイクを叩いても怒鳴っても投げつけても踏んでも、マイクが怒ることはありません。なぜかというと、このマイクには怒りの質料因がないからです。

私が腹を立てるときは、怒りの質料因、つまり怒りのもっとも主な原因が、私の心の内側にあるときなのです。

ですから、この怒りの感情とどういうふうに向き合っていくかが非常に大切なのです。

文殊菩薩《もんじゅぼさつ》という仏様がいます。「三人寄れば文殊の知恵」という、知恵の仏様ですね。この文殊菩薩のことをチベット語で「ジャンペーヤン」と言います。「ジャン」というのは「柔らかい」という意味です。

何が柔らかいのかというと、煩悩《ぼんのう》のトゲが出ていなくて、柔らかいということなのです。カッとなって誰かと言い争いをしているときは、相手の言うことの筋が通っているかどうかよりも、自分のメンツが立つかどうかのほうに一生懸命になっている。それで頭がカッとなっているのです。

それに対して、ジャンというのは、自分の知恵が働き、心が柔らかい状態、是々非々がきちんと理解できている状態にあるということです。

是々非々がちゃんと理解できれば、自分の落ち度もきちんと理解できます。つまり、よくないことや自分が至らないことにきちんと向き合えるのが、柔らかいということです。本当の意味で心が強いのです。

「柳に雪折れ無し」という言葉があります。柳は柔らかくて、雪の重みにも折れない。一見弱々しく見えても、柔らかいものは堅いものよりむしろ強い、というたとえです。心も同じで、柔らかいほうが強いのです。

自分の「我《が》」だけで頑張っているのは一見強そうに見えるけれど、本当は弱い。そういう我はポキッと折れてしまう。逆にいえば、ポキッと折れてしまうほど自信がないから、頑張ってしまう。

もっとも大切なことは、怒りの感情に振り回されないことです。

怒りの感情で間違った判断をしてしまい、それなのに、自分を正当化するためにいろんなことを言ったりする。結局、にっちもさっちもいかなくなって、暴力沙汰みたいなことになるわけです。

どういうときでも柔らかい気持ちを持って、至らない自分と向き合うことができるかどうか。きちんと向き合い、それが他人に認められたら、それで多くの問題は解決するものなのです。

友達と付き合うとき、自分に至らないことがあったら、自分の心に照らしてみて、「あっ、ここは至らなかったな」と、しんどいけれど、それをきちんと柔らかく受け止めていく。それが、怒りの感情を上手にコントロールしていくポイントなのです。

『論語』に、「君子の過《あやま》ちや日月《じつげつ》の食《しょく》の如《ごと》し　過つや人皆之《ひとみなこれ》を見る」という一節があります。「君子の過ちは日食や月食のようなもので、それをみんなが見ているものだ」という意味です。続きは「更《あらた》むるや人皆之を仰ぐ」といって、「みんなが間違ったなと思って見ているけれど、君子が誤りをすぐに改めると、ああさすがだなというふうに皆は尊敬する」というわけです。

大人でもカッときてしまうことがあるくらいですから、若い学生諸君はあって当たり前です。しかし、あって当たり前だからこそ、その気持ちとどう向き合って、どういうふうに自分の心を上手に統御していくか。これが、心の成長にとって非常に大切なのです。

これだけ変化が激しい世の中では、いろんなところで自分の意にそぐわないことが起こります。気持ちを上手にコントロールして、心が簡単に折れないようにするには、柔らかい心でいることが必要です。それが自分を成長させていくうえで非常に大切なことなのです。よくよく嚙みしめてもらいたいと思います。

何か問題が起きても、話し合いで解決できるように努めてもらいたい。話し合いで解決できるかどうかは、人間の強さ、人間の性根が据わっているかの問題です。

今朝の話はこれで終わります。

希望の中に幸福を見出す

おはようございます。

『新約聖書』の中に「マタイによる福音書」というのがあり、次のような表現があります。

「おおよそ、持っている人は与えられて、いよいよ豊かになるが、持っていない人は、持っているものまでも取り上げられるであろう」。

この表現をヒントに、社会学者のロバート・キング・マートンが「マタイ効果」という言葉を生み出しました。１９６８年のことです。

「マタイ効果」とは、お金持ちはもっとお金持ちになり、貧乏な人はますます貧乏になるという意味で、経済界ではかなり広く知られています。

たとえば、インドネシアに住む華僑は全人口の数％です。そして、このわずか数％

の華僑が、この国のほとんどの富を掌握《しょうあく》しているといった具合です。

ところが欧米のポジティブ心理学者たちは、この「マタイによる福音書」にはもっと別の意味があるのではないかと考えました。

それは、「ポジティブに考える人間には富がもたらされるが、ネガティブに考える人間には、持っているものまで失われるような結果がもたらされる」という解釈です。

これは大変に意味の深い言葉だと思います。

大阪出身の西川悟平《にしかわごへい》さんというピアニストがいます。

彼は高校からピアノを始めたにもかかわらず、一生懸命に練習を重ね、音大に入学しました。そしてたまたまアメリカ人のピアノデュオの前座を務めたことで彼らの目にとまり、誘われてニューヨークへと渡りました。カーネギーホールで演奏する機会を得るなど、しばらくは順風満帆の人生でした。

ところが、1年も経たないうちに左手がひきつるような症状に見舞われ、うまく動かなくなります。それがしばらく続いたので病院へ行ったところ、「ジストニア」と診断されました。ジストニアは脳の神経障害により筋肉がこわばって、意思とは関係なしに動いてしまう病気です。症状はやがて右手にも広がっていきました。

お医者様に「一生ピアノは弾けない」と言われ、「一生ですか？」と聞き返したことを鮮明に覚えておられるそうです。いくつもの病院をめぐったそうですが、すべての病院で「一生ピアノが弾けなくなる」と言われ続けました。絶望しました。それでもニューヨークに残り、掃除の仕事や福祉のアルバイトで食いつないだそうです。

知人のつてで幼稚園を手伝うようになり、スタッフに「ピアニストなんでしょう？子どもたちにピアノを弾いてやってくれない？」と声をかけられたそうです。その頃の西川さんの指は半分しか動きませんでした。そこで演奏した楽曲は「キラキラ星」。〝ギンギンギラギラ〟という歌詞でおなじみの曲です。

すると子どもたちは非常に喜び、ピアノに合わせて一生懸命に歌ってくれたそうです。西川さんは思うように動かない指に底知れぬ悔しさを抱いていたけれど、大喜びで歌ってくれる子どもたちのために、懸命にピアノを弾きました。

すると西川さんの感情に変化が現れました。

「指は曲がっているけれど、子どもたちがこんなに一生懸命に歌ってくれる。自分はまだ音楽で人々に夢を与えることができる」、そうひらめいたのです。

それからはリハビリに力を入れ、ピアノの練習を繰り返すうちに右手が動くようになり、左手も動くようになって、7本の指が動くようになったのです。7年間かけて練習を重ね、見事〝7本指のピアニスト〟として復帰を果たしました。

彼は言います。「この病気は神様が私に与えてくださったギフトだ」と。前途洋々の未来だと思われたのに、大きな病気に襲われた。今まで当たり前だった演奏ができなくなったことで、これまでチャンスを与えてくれた人や、演奏を聴いてくれる人へ感謝することができるようになった。その感謝の気持ちのこもった彼の演奏は、素人の私たちでも感動するほど魅力があるのです。

苦境に陥っても、ポジティブにものごとを捉えていくことができれば、状況は変わりうるということです。

私は常々そのように考えています。

うまくものごとが進むことのほうが、人生においては少ないのです。

しんどくて不幸なときに、自分で不幸だと暗示をかけてしまうのではなく、そんな状況をもポジティブに捉えて、これはチャンスだと頭を切り替えられるかどうかです。

それこそ、「マタイによる福音書」が伝えたかったことなのではないかと思います。

私たちの学校では、「希望の中に幸福を見出す」ことが大切だと常に言っています。家庭でうまくいかないこと、学校でうまくいかないこと、クラスでうまくいかないこと、大学受験でうまくいかないこと、クラス替えでうまくいかないことなどなど、さまざまなことがあるでしょう。そういうときに、「ああしんどい、しんどい」と思うことでどんどん落ち込むのではなく、「この状況は自分が成長できるチャンスではないか」と、思い切って見方を変えてみる。それこそが「希望の中に幸福を見出す」という精神なのです。

「わが身は不幸だ」とネガティブな自己暗示をかけるのではなくて、「ここに希望が見出せないか」とポジティブに捉え直してみるのです。

この話をよく理解して、日常で自分を鼓舞するヒントにしてほしいと思います。

今朝の話はこれで終わります。

自分の心を律する

おはようございます。

知り合いが毎日新聞に面白い話が出ていたと教えてくれました。これはいい話だなと思ったのでお話しします。

ワールドベースボールクラシック（WBC）、要するに野球の世界選手権みたいなものですが、その日本代表、侍ジャパンの監督をしている小久保《こくぼ》裕紀《ひろき》さんのインタビューの中に、イチロー選手の話がありました。

現役時代、小久保選手は2年目までイチロー選手とちゃんと話したことがなかったそうです。プロ入りはイチロー選手のほうが2年早かったようですが、歳は小久保選手のほうが2つ上です。

その小久保選手はプロ2年目にホームラン王になった。3年目は、昨年取ったから今年も簡単だなと思っていた。そんなふうにちょっと調子に乗っていたので、成績は散々だった。

しかし、前年にホームラン王を取っていたので、オールスターに選ばれた。

そのときに、3年連続首位打者をばく進していたイチロー選手と一緒に外野を走ろうということになり、そこでイチロー選手に聞いた。「イチロー、お前はモチベーションが下がることはないのか？」。するとイチロー選手は、「小久保さん、小久保さんは数字を残すために野球をやっているんですか」と。「僕は心の中に磨き上げたい石がある。それを野球を通じて輝かしたい」と言った。小久保選手は目から鱗が落ちた。

それからは、イチロー選手は歳下だけれども、一緒に食事をするときは、いつもメモを横に置いて食べ、いいなと思う言葉を書き留めておいた。

その中でも心に残っているのは、「準備の準備をする」という言葉。準備をするために、常に準備をしておく。準備を怠ってはダメということです。

あれだけ活躍して日米通算4000本安打も達成できるのに、代打のような使われ方をしてもベストの成績を出せるというのは、準備が行き届いているからだ。

次回、ワールドベースボールクラシックがあったら、自分はイチロー選手に「出てくれ」と腹を割ってお願いしようと思っている。

イチロー選手の話を聞くことが、大谷翔平《おおたにしょうへい》選手や柳田悠岐《やなぎたゆうき》選手の人生をすっかり変えてしまう可能性があるだろう。ワールドベースボールクラシックに出てイチロー選手の姿を見て話をすることで、大谷選手や柳田選手に学んでほしい。そういうことによって日本の野球のレベルを上げていかないとならない。そう強く思っていて、イチロー選手にお願いしようと考えている、ということでした。

勉強でもクラブ活動でも仕事でも、なんでもそうだと思いますが、それを通じて自分の心をどうやって磨いていくか。どうやって自分の心を十分に成長させていくかという過程が大切なのです。

元アメリカ大統領補佐官で、現在はハーバード大学教授のロジャー・ポーターという方が、以前、清風学園で生徒に話をしてくれました。彼が言うには、「人生には二つの生き方がある。ひとつは目先のことで結果を出すことだけを考える生き方、もうひとつは人生の最終局面――人間はだんだん歳を取るけれども、歳を取って衰えていくのではなく、人生の一番最後に自分の人格の完成をゴールとして設定し、そこに近づくために、年々自分の心を成長させていく。そうふうに思って生きる生き方と二つある。自分は後者でありたい」と言っていました。イチロー選手も同じです。

今は勉強を通じて、あるいは、クラブ活動を通じて、あるいはクラスメイトとのいろいろなかかわりを通じて、自分の心をどうやって成長させていくかを学んでいます。社会人だったら、仕事でもって、どうやって自分の心を成長させていくか。これが大切です。そういう人間は、必ずあとから評価がついてくるはずです。

これはいい話だなと思って諸君に紹介しました。諸君がものを考えていくうえでのヒントにしてほしいと思います。

今朝の話はこれで終わります。

成果を出し続けるために必要なもの

おはようございます。

私がまだ教壇に立って教えていた頃、清風中学校に米田功《よねだいさお》という生徒がおりました。後に米田君はアテネオリンピックに体操のキャプテンとして出場し、それまで日本はなかなか優勝できなかったのですが、見事に優勝へと導きました。

その米田君が以前、学校に来たときにこんなことを話してくれました。

自分はあまり練習しなくても大会で優勝できるので、みんなが「天才だ」と言ってびっくりしていた。だから自分はミラクルだ、特別だと思っていた。それがカッコいいと思っていた。

しかし、シドニーオリンピックの選考会で、自分より下手くそだ、たいしたことないと思っていた友達や知り合いが選ばれて、自分は選ばれなかった。

練習せずに時々優勝したからといって、一番大切なときに負けてしまったら話にならない。考え方が根本的に間違っていた。勘違いしていた。精一杯、核心に触れるまで努力して、はじめて安定した成績を収めることができる。安定した成績が取れなければ世界の超一流とは戦えない。

それに気づいてから、米田君は人が変わったように練習したそうです。清風の同級生も近づきにくい雰囲気になったと言います。

そうしてアテネオリンピックに出ることができた。あの勘違いが続いていたらきっと最後まで出られなかった。シドニーに選ばれなくてとても悔しかったけれど、結果としてあれがよかった。あれで頭を打たれて目が覚めたと言っていました。

安定的に力を出すのは簡単なことではありません。自分を究極まで高めないといけない。勉強やクラブ活動でも、仕事でもなんでも同じです。

他にもこんな話があります。私はきちんとしたレシピがあっていい材料を使えば、必ず美味しい料理ができるものだと思っていました。しかし、私の知り合いの料理人は違うと言います。何が足りないかというと、心が足りない。ほんまかいなと思いましたが、先生はわかってないと言われました。

美味しい料理ができるかどうかは、レシピ通りにつくるかどうかでは、絶対にない。最近は科学で「美味しさ」を数値化して、それに近づけようという工夫があったりするけれど、料理人として思うのは、やはり心の状態がいいときには美味しいものがつくれるし、そうでないときには、ものすごく乱れてしまう。

だから、嫁さんと喧嘩《けんか》をして腹が立ったまま板場に立つようなことは絶対にいけない。そんなことがないように、安定した心で板場に立たないとならない。

やはり、安定して成果を出すためには、自分の心をしっかり磨いていかないといけないのです。勉強でもクラブ活動でも同じようなことがいえるのではないかなと思います。核心に触れるまで努力しようと思ったら、心ができていないといけないのです。

上手に自分の心の安定が図れるように、みんなも心がけてもらいたいと思います。

今朝の話はこれで終わります。

良い因果関係を重ねる

昨日の夕方、生徒の電車内でのマナーが悪いということで、外部の方から苦情の電話をいただきました。一般の方が少々のことで学校に電話することはまずありません。わざわざ電話してこられたほどですから、相当乗車マナーが悪かったのだと想像できます。公共の場所ではしっかりマナーを守るように行動してほしい。

チベットの僧ロサン・ガンワン先生は、私の人生における師匠です。20年間お付き合いいただきましたが、癌でお亡くなりになりました。

ガンワン先生が癌におかされたとわかって以来、先生をチベットから私の自宅にお招きして、約2年間、日本でさまざまな治療を受けていただきました。病院だけでなく、治療効果があると言われることならなんでも試そうと、全国のありとあらゆる病院や治療所にお連れしました。

あるとき、治療を受けて帰る車の中で、ガンワン先生は私にこう言われました。

「癌はさまざまな悪い条件が幾重にも重なり合って起こっている。そして、癌もまたその本質は、〝空《くう》〟である」。

〝空〟とは、「何もない」ということではなく、「さまざまな因果関係を超越して存在しているのではない」という意味です。

「善いことも悪いことも、みな多くの因と縁に依《よ》って発生している。悪いこともその本質は〝空〟。因果関係を超越して存在しているわけではない。悪いと思っているその出来事も、たくさんの条件、縁によって成り立っている。だから、悪いことが起こっているとき、多くの新たな善いご縁をちょうだいしなければ、ものは好転していかない。しかし良いご縁を集めることができれば、悪い事態も好転するはずだ。

癌というものも悪いものだが、癌もまた因果関係を超越して存在するものではない。こうやってみなさんのおかげで悪い縁を外し、善い縁を集めることができれば、その状態は変化しうる。その本性は空だから」。

ガンワン先生からいただいたこの話は、単なる癌という病の理解だけにとどまらず、人生全般にかかわる教訓であると、私は感じました。

人生において、悪い状況で苦しんでいるときは、さまざまな悪い因果関係が重なってそのような状況になっている。それが、人生が〝空〟なのだということ。

だから逆に、これから良い因果関係を積み上げていくことによって、その悪い状況を変化させることができるはずで、必ず良い人生を送ることができるのだと、教えていただいたのです。この教えは、現在まで私の人生の教訓として生き続けています。

学校生活の中で、成績や友人関係、クラブ活動で、あるいは家庭でならお父さんやお母さん、兄弟などとの関係で、現在悪い状況に陥っている生徒がいるかもしれません。悪い状況のときに、ムシャクシャしてさらに悪い行いや言動をして悪い因果関係を積み重ねると、ますます状況は悪くなってしまいます。

悪い状況というのは、さまざまに悪い要因が重なって起こっているのだから、その原因を追究してもなかなかわからないものです。原因がわからないからといって短気を起こしてみたり、諦めてなげやりになってみたり、人に責任を転嫁してみたりするのは、さらに悪い要因を重ねることになります。

そうではなく、悪い状況というのは、悪い因果関係が重なり合って起こっているのだから、それとは逆に、良い因果関係を重ねる努力をすることで、状況は良い方向へ変化させることができます。

この悪い状況こそが自分を成長させる絶好のチャンスと考え、人に優しく接するよう心がける、気持ちに余裕を持つようにするなど、良い因果関係を積み重ねる努力をしてもらいたいのです。そうすれば、必ずや悪い状況は変化するはずです。

清風学園は「福の神のコース」を大切にします。自分のためになることが、そのまま人のためにもなるように、よく考えて行動する。また、自分を高めていくことで、多くの方々のお役に立つような努力を惜しまない。

21世紀はこのような生き方をする人が求められています。

日々の生活ではさまざまに不本意な出来事が起こります。だからこそ、良い行動や言動を積み重ねて、良い状況になるように変化させていってもらいたい。

乗車マナーや友人への良い言葉がけ、人に親切に対応することを心がけて学校生活を送ってほしいと願っています。

今朝の話はこれで終わります。

苦い経験を心の肥やしに変える

おはようございます。

iPS細胞でノーベル生理学・医学賞をもらった山中伸弥《やまなかしんや》教授は、もともとは整形外科医を目指していました。しかし不器用だったためにこれでは通用しないということで、病院の現場から出て基礎研究へと方向転換されたのです。

アメリカに留学することになったのですが、はじめはものすごく不安でした。外科医を志したけれど挫折して、遠回りをしていたからです。

ところが、アメリカに行ったらその遠回りをしていたことが、むしろ経験値が高いと評価され、ストレートに進学した人より大事にされたというのです。

これはアメリカに限らず、これからの時代をよく物語っていると思います。

どこの大学を出て誰々さんの息子であって、ということではなく、どういう人間であるのかが赤裸々に問われる時代です。

要するに、その人の中身や経験値の高さが求められるのです。


私の少し年上の友人に、木山啓子《きやまけいこ》さんという方がおられます。彼女は今、世界の紛争地や災害地における難民や避難民の救済・支援を行う団体、特定非営利活動法人JEN《ジェン》の理事と事務局長をされていて、世界中で数百人のスタッフを統率、指揮しています。


なぜ彼女がそういう仕事をすることになったのか、そのきっかけの話をします。

彼女ははじめオフィスワークでした。でも、上司とまったく反《そ》りが合わず、その上司と接触を持つことがとてもつらかった。上司は自分のことをいじめようと思っているわけではないけれど、少なくとも自分をいらないと思っていると感じられた。もちろん大人ですから露骨なことはしません。それでも、彼女としてはとてもつらい日々を送らなければならなかった。

2年ほど勤めたとき、上司から、「今度、救援活動を行う事務局をつくることになったのだけれど、人を募集しているから、そこで事務局長をしてみないか」と言われた。

自分には上司の意図がわかった。上司は体《てい》のいい方法で自分と離れたいのだろう。でも、自分も「この上司と離れることができるなら」と思って、その話をあえて受けた。

そして現場に行ったら10人のボランティアがいた。10人中8人は英語が話せたが、2人の女性は話せなかった。ひとりは保育師さんで、ひとりは看護師さんでした。

そのときのことを彼女は、こんなふうに言います。

「以前の私であれば『あなた、勘違いしてはいけない。ここは自分探しの場所じゃない。本当に困っている人のお役に立とうという場です。英語の素養も全然なく、英語の勉強もせずに、こんなところに何しにきたの。あなた方は使えない』と言ったと思う。

しかし、2年間、私のことをいらない、いらないと思っていた上司のもとで勤めた苦い経験があったおかげで、この2人をどうすれば活かしてあげられるかなと考えた。そして保育師さんには、お母さんやお父さんを失った孤児の世話をさせ、看護師さんには野戦病院の衛生状態の管理をさせた。2人とも英語はできなかったけれど、持っていた知識で大活躍した。そうして、自分は人の使い方を覚えた。

これでボランティアを上手に使うコツを覚えたので、ＪＥＮが全世界で活躍できる組織になったのです。あのつらい2年間がなかったら、今の自分はなかった。あの上司がいなければ、今の自分はなかっただろうと思う」。

上司にいらないと思われ続けた2年間、「その上司のせいで自分の人生はひどいことになった」というのもひとつの考え方です。しかしまた、そのつらい2年間のおかげで、いらないと思われる側の気持ちがわかり、逆にそういう人をどうやって活かすかという視点を持てた。だから、「あの2年間は自分にとって有意義であった」と考えるのもひとつの真実です。

どちらが大切かというと、おそらく後者でしょう。

人生ではさまざまな経験をするものです。本来しなくてもいいような経験をすることもあるでしょう。しかし、それを心の肥やしに変えられるかどうかは、自分次第なのです。

いい大学に入っていい会社に勤めたら死ぬまでそこで働けた、という右肩上がりの時代ならなんの問題もないかもしれません。けれど、現在はとても変化の激しい時代です。自分がしんどくても、さまざまな経験を積んでおくことは悪いことではありません。むしろそれを自分の心の肥やしに変えることができたら、他人とは異なる経験を積んでいることになります。

山中伸弥教授は挫折して遠回りをしてアメリカに行ったけれど、それは経験値としてむしろ評価されて、大学からスムーズに進学した者よりも、より多くのチャンスをもらったという。現代はこういう時代なのです。

「希望の中に幸福を見出す」というのが清風学園の考え方です。短いスパンで考えたらしんどかったことでも、長いスパンで見たらそうではなかったということがあることを、覚えておいてください。

諸君はこれからさまざまな経験を積むことになると思いますが、苦い経験でも自分の頭を上手に切り替えて、心の肥やしにしていってください。これが21世紀を生き抜くポイントです。

今朝の話はこれで終わります。

心の境地を上げていく

おはようございます。

先日、NHKの「日曜美術館」を見ていたら、ピーター・ドラッカーの話をしていました。ドラッカーは経営学者ですが、少し前に岩崎夏海《いわさきなつみ》さんという方が『もし高校野球の女子マネージャーがドラッカーの「マネジメント」を読んだら』(ダイヤモンド社)という単行本を出してベストセラーになりました。そのおかげでドラッカーの経営学がもう一度見直されたりして、大変なブームになったのです。

ドラッカーは2005年に95歳で亡くなりましたが、趣味として日本画を蒐集《しゅうしゅう》していました。「日曜美術館」ではドラッカーの日本画への熱い思い入れを解説していました。特に印象に残ったのは、江戸時代の白隠《はくいん》というお坊さんの話です。

白隠は臨済宗《りんざいしゅう》の中興の祖と言われるお坊さんで、今の静岡県を中心に活躍しました。

腹式呼吸とも深いつながりがあり、その実践をした人です。

その白隠が重い神経症になるくらい修行をして、42歳で悟りの境地を得たと言っている。それ以降、衆生済度《しゅじょうさいど》、つまり一般の人のお役に立つことを一生懸命に行った。そのひとつとして、禅画と呼ばれる絵を描いた。

諸君もこうしたお坊さんの描いた絵、たとえば観音さんの絵などを見たことがあるかもしれません。白隠は達磨《だるま》さんの絵をたくさん描きました。達磨大師は禅宗の祖です。50代から60代、70代、そして結局80代になるまで、達磨さんの絵を描き続けた。しかも、歳を経るごとにその達磨さんの絵が迫力を増していくのです。

これはドラッカーが言っている話ですが、あるとき白隠禅師は、その絵を描くにはどのくらいの時間がかかりますかと尋ねられた。要するに、達磨さんの絵が描けるようになるには何年かかりますかという質問です。

白隠は80歳を過ぎていて、目もよく見えなくなっていたらしいのですが、彼は80年と一時《いっとき》かかったと答えた。つまり、自分の人生分かかると答えたのです。

ドラッカーはこの80年と一時という言葉にとても心打たれたのです。

なぜなら、仮に17世紀を代表する画家レンブラントが80年生きたとして、「この絵を描くのに80年かかった」と言うのと、白隠禅師が「80年かかった」と言うのとでは、意味が違うと感じたからです。

レンブラントが80年かかったと言うときは、おそらくその絵を描く技術を獲得するための80年であり、それに対して、白隠の80年と一時とは、一時で描いたけれども、その絵を描く境地に至るのに80年かかったということだと、ドラッカーは感じたのです。

つまり、白隠は自分の心をずっと高めていって、その中で達した境地を達磨として表現している。だから、50歳や60歳で描いた達磨よりも、80歳で描いた達磨のほうが、はるかに迫力がある。

ドラッカーは、これが白隠の絵の本質であり、日本文化の本質であると言いました。

レンブラントに比べれば、白隠の絵はマンガのような絵であり、素人の絵かもしれません。しかしドラッカーは、その絵の迫力に心打たれて、大変な魅力を感じ、白隠の絵をたくさん集めたのです。

歳を重ね、心の境地は高まっていく。それを大切にする。——これはまさに仏教の真髄《しんずい》です。

私はよく「自分の心をどうやって成長させるか」という話をしますが、こういう課題の持ち方が日本の文化の中にはあり、これは日本のすごいところなのです。ドラッカーはそこに心打たれて、自分の心が乱れたときに、白隠禅師の絵を見て自分の心を整えていたと書き残しているそうです。

自分と上手に向き合って、自分の心を上手に育てていく。これが日本の文化であり、清風学園の目指すところだと思います。

今朝の話はこれで終わります。

第二章

核心に触れるまで努力する

自分に対する期待感を失わない

おはようございます。

清風学園は9月3日を始業式としています。

清風学園の歴史は、前身である堺市浅香山《あさかやま》にあった浅香山電機工業学校の校舎が昭和20（1945）年7月9日に戦災で焼失し、大阪市天王寺区にあった逢坂小学校の一隅を借りて授業をしていた頃に始まります。

逢坂小学校の校庭には伊勢皇大神宮《いせこうたいじんぐう》の遥拝所《ようはいじょ》があり、校祖平岡宕峯《ひらおかとうほう》先生は熱心に毎日参拝していました。しかし、逢坂小学校の校長先生は戦争で息子さんをすべて亡くしていました。その怒りから、この伊勢神宮の遥拝所を破壊しようとされていたのです。それを知った校祖は何度も粘り強く校長先生を説得し、他の場所に移すことで納得を得ました。

折しも、新制度改革により、４００坪以上の校地を持たない学校は新制高等学校として認可されず、３ヶ月以内に校地を確保しなければならないという事態に追い込まれました。

校祖は悩んだ末、信仰していた高野山《こうやさん》の奥の院の弘法大師《こうぼうだいし》の御廟《ごびょう》に出向いて祈願をしました。すると不思議なことに〝伊勢の皇大神宮にお参りしなさい〟という霊感を得ました。

50日間の願かけをして、伊勢神宮に校祖が日参を続けた満願の日、なんと「土地が見つかった」との連絡があったのです。

その場所こそ現在の清風学園の校地で

校舎の屋上にある清風神社。台風でも平気なように、現在は石造り。

した。さらに驚嘆したことには、そこに逢坂小学校にあった伊勢神宮の遥拝所が移されていたのです。校祖は「なんと不可思議なことか。これこそ神仏の御導きだ」と感じ、これを清風学園の守り神、清風神社といたしました。

ところが上本町へ移転した直後、大阪はジェーン台風に見舞われました。1950年の9月3日のことです。苦労して資金を集め、ようやく建てた木造校舎はすべて倒壊してしまいました。今の学園長先生は当時、倒壊した校舎に泥棒が入らないように見張り小屋を建て、そこで過ごしたそうです。

吹き飛んだ校舎の木材が近隣の住宅へ多大な迷惑をかけ、宕峯先生が心労で倒れてしまうのではないかとみんなが心配をしました。ところが、宕峯先生が現場を見に来て言った第一声は、「やはり校舎は鉄筋でないといかん」だったそうです。

その様子を見て、当時の校医の先生は、莫大な借金を抱えながら建てた校舎がすべて倒壊してしまったことで、宕峯先生は正気を失ったと、家族に説明したそうです。

宕峯先生の出身地は広島県呉市にある下蒲刈島《しもかまがりじま》です。今では過疎化が進んでいます。

第二章
核心に触れるまで努力する

幼少時代の宕峯先生は病気がちでしたが、お母さんと一緒に毎日裏山のお地蔵さんにお参りしていました。体が弱い宕峯先生にとって山登りは非常に大変だったのですが、病気がちな自分のために母が毎日祈っていることがわかり、それで感謝と信仰心を得るようになりました。

宕峯先生は、家の近くにある正念寺《しょうねんじ》という浄土真宗のお寺にあずけられていました。当時、下蒲刈島は農業や海運業が盛んでしたので、正念寺では有数の僧侶に来ていただき、御説法会を頻繁に開いていました。

宕峯先生はその御説法を聞いているうちに、僧侶たちが上手に話し伝えていることに気づきます。自分の考えを伝えるには、感情的に話すのではなく論理的に話すことが大切であること、そして仏教に対する信仰心を学びました。

宕峯先生は三男だったため、小学校を卒業後、行きの電車賃だけをもらって大阪へ出ることになります。

江戸時代の詩僧・釈月性《しゃくげっしょう》の詩、

男児　志を立てて郷関《きょうかん》を出づ《い》（男として志を立てて故郷から出ていく）
学若《がくも》し成る無《な》くんば死すとも還《かえ》らず（学業が成就しなければ、死んでも帰らない）
骨を埋《うず》むる豈《あ》に惟《た》だ墳墓《ふんぼ》の地のみならんや（死ぬときにわざわざ故郷に帰る必要はない）
人間到《じんかんいた》る処《ところ》青山《せいざん》有《あ》り（志を遂げた場所こそ自分の死に場所である）

このように自らに言い聞かせて、連絡船に乗って大阪へ出て来たのです。

校祖宕峯先生は順風満帆だったわけではありません。ジェーン台風で校舎がなくなり、そこで心が折れてしまってもよかったはずです。鉄筋の校舎を作り直す必要があったでしょうか。校祖宕峯先生が自分に対する期待感をなくさず、目標へ向かって走り続けてくれたからこそ、この清風があるのです。

諸君も自分に対する期待感をなくさないよう、高い目標を掲げて走り続けてください。それが清風魂であり、「希望の中に幸福を見出す」ことにつながるのです。この精神を確認するために、始業式を9月3日に定めているのです。諸君も覚悟を持って、しっかりと頑張ってほしいと思います。

今朝の話はこれで終わります。

粘り強くやり遂げる力

おはようございます。

今日は、ペンシルバニア大学のアンジェラ・リー・ダックワースという心理学者のお話をします。

彼女はもともと高校の先生でしたが、IQが低いのに勉強ができる子どもや、IQが高いのに勉強ができない子どもがいることに気づき、勉強ができる子どもには何か共通項があるのではないかと考え、研究を重ねていくうちに、ペンシルバニア大学の先生になりました。

学校でIQに関係なく勉強ができる子どもの共通項や、厳しい条件でもうまくいくセールスマンの共通項、荒れている学校でも最後まで頑張る先生の共通項、軍隊での厳しい訓練に耐えて最後まで残る軍人の共通項など、さまざまな職種でやり遂げることができる人の特徴を調べていくと、そこにはある共通項があったのです。

そして彼女は、この共通項を「グリット」と名づけます。グリットとは、「Guts《ガッツ》（闘志）」「Resilience《レジリエンス》（粘り強さ）」「Initiative《イニシアチブ》（自発性）」「Tenacity《テナシティ》（執念）」の頭文字を取った造語で、能力に関係なく頑張っていく力のことを言います。近年、このグリットが大切だと注目を集めていますが、アンジェアラ・リー・ダックワースは、「グリットは簡単そうで難しい」と言います。

諸君も誰かを指して、「あいつは天才だ」などと神格化してしまうことがあると思います。しかし、本当の天才はそれほどいません。少しできる人や、少し頑張っている人を「あいつは天才だ」と言ってしまうのです。

アンジェラ・リー・ダックワースによると、「自分より能力が高い、頑張っている人を神格化することによって、自分の努力不足の言い訳をしている。もしくは自分は努力しなくていい、という言い訳をしている」ということなのだそうです。

グリットとはやり抜く力です。何かをやり遂げようとするときは、自分のできる範囲よりも少し上を想定します。ですから、少ししんどいことをともないます。その少ししんどいストレスに耐えられるかどうか。これがグリットを持ち続けられるかどうかの条件になってくるそうです。このグリットは後天的なものであり、継続的に努力することができれば必ず身につくものなのです。

清風は「希望の中に幸福を見出す」という教育です。校祖宕峯先生はこのグリットを持っている人です。諸君もグリットの精神を忘れずに頑張ってほしいと思っています。

今朝の話はこれで終わります。

虎視眈々《こしたんたん》と次のチャンスを待つ

おはようございます。

私はスポーツが好きで、特に好きなのはマイアミマーリンズのイチロー選手（２０１６年５月当時）です。もう少しで３０００本安打というところまで来ていますが、42歳のイチロー選手はなかなか使ってもらえません。

これには理由があります。年齢のこともありますが、マイアミマーリンズという球団は外野手がすごく充実しているのです。前のシーズンにはじめて３割を打った若手とかホームラン王とかがたくさんいて、彼は４番目の外野手であることだけで精一杯なのです。

それでも、マーリンズの監督が「イチローはどんな選手か」と聞かれて、「ベスト・オブ・ザ・ベストだ」と言いました。ベストの中のベストだと。

イチロー選手は今でも打率3割台をキープしています。場合によっては4割打つ。それだけ打てるのに、守備固めや代打などの使われ方ばかりです。普通はあれだけ実績があってこれだけ使われなかったら文句を言います。実際にこれまで文句を言う選手がいっぱいいたそうです。

ところが彼は一切文句を言わない。淡々として自分が代打と言われたときに、集中力を切らさずベストな体調で臨めるように心がけている。そんなイチロー選手の姿勢を見て、他の選手たちが尊敬に値するというわけです。イチローはチームにとって最高の手本、great《グレート》 example《エグサンプル》だと。何が手本なのかというと、守備や打撃ではなく、あの姿勢が手本なのだと。

ACミランの本田圭佑《ほんだけいすけ》選手（現在はボタフォゴFR所属）も同じようなことを言われています。ACミランはオーナーが変わり、新しいオーナーは自分がサッカーに詳しいと思っているので、試合になると「このフォーメーションでやれ」と口を出します。

前の監督はオーナーの言うことを聞かなかったので解任されました。オーナーがうるさく言うので、新しい監督はそのフォーメーションでやるしかない。本田選手は今まではレギュラーを取れていたけれど、そのフォーメーションなら彼より向いている選手がいたので、結果としてレギュラーから外された。

実績もあり期待もされ活躍もしている選手であれば、通常はすねて自暴自棄になりますが、本田選手はそうなりません。普通にチームを応援し、活躍した選手に素直に声をかけ、試合が終わったら90分間トレーニングをするそうです。次にレギュラーに選ばれたときに、必ずベストな体調で臨めるようにトレーニングをしているわけです。

調子のいいときは誰でも丁寧な対応ができます。

しかし、調子が悪くなったとき、あるいは、理不尽な状況で実力を発揮できなくなったときに、それでもベストを尽くせるように準備できるかどうか。こういうことができる人が一流で、自暴自棄になってしまうのは二流なのかなと思います。

般若心経の最初のセンテンス「行深般若波羅蜜多《ぎょうじんはんにゃはらみった》」は、「核心に触れるまで努力する」ということです。

一流になれるかどうかは、もちろん才能もありますが、その多くは心の在り様によると思います。イチロー選手も本田選手もともに一流と言われる選手ですが、いつも調子がいいわけではありません。いつも使ってもらえるわけではない。

しかし、それで自暴自棄になるのではなく、与えられた範囲でベストを尽くし、そして次にチャンスを与えられたときに、そのチャンスを必ず活かせるように虎視眈々とチャンスを待つ。これができるのが一流だと思います。これが「核心に触れるまで努力する」ことなのだと思います。

イチロー選手を見ていて感じることがありましたので諸君にお話ししました。日常の中で、ぜひ参考にしていただきたいと思います。

今朝の話はこれで終わります。

本気であたれば道は開ける

おはようございます。

昨日は清風学園の同窓会がありました。講演会ではモントリオールオリンピック体操男子団体の金メダリストで、国際体操殿堂入りを果たされた藤本俊《ふじもとしゅん》先生を講師にお招きしました。先生は国立山梨大学の教授を経て、現在は名誉教授になられています。国際体操殿堂入りは日本で13人目、清風学園の卒業生としては、監物永三《けんもつえいぞう》氏に続いて2人目の快挙です。

藤本先生のお話は、非常に面白く感じました。諸君たちにも参考になると思いますので、ここでお話しします。

東京オリンピックで日本の体操が金メダルを5個獲得したとき、藤本先生は中学生でした。テレビで見ているオリンピアンの姿はすごくて、「この人たちの先祖は忍者ではないか」と思ったそうです。

しかし、大阪の競技会で実際にその姿を見たら、テレビの迫力とは違って、「たいしたことはないな」と思えた。サイン会にも行って選手を間近で見て、「この人たちは普通の人じゃないか。この人たちでできるのなら、自分にもできるのではないか」と思った。

そこで、自分も体操をしようと清風高校に入学したそうです。つまり、まったく体操の経験がないまま、彼は清風に入学したのです。


入学後、高野山修養行事を迎え、自分は体操でものになりたいのだから、「行事で気を引き締めてきちんと過ごさなければならない」と考え、写経のときもそう思い、奥の院でもそのようにお願いをし、最後まで緊張感を持って過ごしたそうです。

その後、体操部に入部。入ってみたら、「見る」と「やる」とでは大違いで、清風の体操部はすごく強かった。今はトミオカ体操スクールを運営している冨岡眞一郎《とみおかしんいちろう》先輩がいて、彼の演技は見惚れるような素晴らしさだった。とても自分には真似できないと思ったけれど、先輩の演技をすべて目に焼きつけるように徹底的に見ていた。するとだんだん自分もそれと同じことができるようになった。

藤本先生は高校生になってから体操を始めたのでハンディがあった。他の選手たちと比べて体力がないと感じ、朝起きてトレーニングをしようと思った。

けれども三日坊主で続かない。

何かいいトレーニング方法はないかと考えて、朝、団地に配る新聞配達がいいのではないかと思って応募した。団地にはエレベータなどなく、すべて階段を上り下りして鍛えながら配達した。

さらに、片道1時間、往復2時間かかる通学電車の中で、電車が動いているときは「つま先立ち」をし、駅に着いたら「休憩する」というルールを自分で勝手につくって実践した。とにかく他の人がやっていない時間に集中して自分の体をトレーニングする工夫をした。

当時の生徒朝礼訓話は、校祖宕峯先生でした。先生は「本気でやらなければならない。本気でやれば不思議な力がわいてくる」とおっしゃった。これは自分にとって良い話だった。「そう信じてやれば叶うのではないか。そのためには本気でやらなければならない」といつも自分に言い聞かせて「つま先立ち」や「新聞配達」をやっていた。

そういった努力が実り、藤本先生は高校から体操を始めたにもかかわらず、3年生のインターハイでは平行棒と鉄棒で優勝しました。その後、インカレでも活躍し、オリンピックにも選ばれました。

モントリオールオリンピックでは膝の半月板を痛め、普通なら強い痛み止めの注射を打たなければ気絶するような激痛にもかかわらず、痛み止めを打つと演技に支障が出るからとそのまま演技を続け、団体優勝に大きく貢献しました。

こうした姿勢が高く評価され、国際体操殿堂入りを果たしました。

山梨大学への就職の話が出たときは、「ぜひやりたい」と頑張って手を挙げました。しかし本当は、現役を引退した時点で燃え尽きていたのだそうです。

そんなときに、清風で体操の指導をしてもらった田中武彦《たなかたけひこ》先生から、「アマチュアに引退なし」という励ましの手紙がきて、そこで気持ちを切り替えられた。これも人生上の大きなヒントとなったと話されていました。

自分で勝手に引退を決めているだけのことで、まだまだ体操で貢献できるはずだ。「アマチュアに引退なし」、まさにその通りだと思って、山梨大学にチャレンジして採用された。

しかし着任してみると、他は博士号を持っている人たちばかりで、大学院を出ていないのは自分だけだった。研究的には難しい面もたくさんあり、学閥もあってつらいこともあった。しかし、オリンピックに向けて苦しい練習に耐えてきたことを思えば、絶対にやりきれると思った。

やがて教授に就任し、評価されて名誉教授にまでなられた。現在は木曜日だけがお休みで、他の日はさまざまな大学に呼ばれて講演をしているとおっしゃっていました。

「本気でやれば道は開ける」と、「核心に触れるまで努力する」というのは同じことです。高野山修養行事の話も、朝礼の話も、藤本先生が私を喜ばせるために話してくれたのではありません。自分の人生を振り返ってされたお話です。

どれも自分にとって前向きな決断をするための大きな機会だったということであり、

朝礼のお話は心が折れそうなときに聞き、「自分はまだまだ本気ではない。もっと本気でやらなければならない」と捉えて、自分はものになれたというお話でした。

諸君も藤本先生の清風魂を自分の清風魂として頑張ってほしいと思います。

今日の話はこれで終わります。

成功するまで続けることが大事

おはようございます。

先週、高校1年生諸君には作家の久坂部羊《くさかべよう》さんの講演を聞いてもらいました。とても良いお話だったので、印象に残ったポイントだけお話ししたいと思います。

久坂部さんはお父様もお医者様であり、医者になるべく勉強をされました。中学校でも成績は優秀で三国丘《みくにがおか》高校へ入学し、サッカーをやりながら勉強していましたが、なかなか成績は伸びず、サッカーをやめて勉強に集中したそうです。それでもあまり成績が伸びないため、再度サッカーを始めたら成績が伸びたというお話でした。

要するに、勉強の蓄積はあとから表われてくるもので、そのときすぐに結果は出ないということを、身をもって経験されたそうです。

当時の久坂部さんには読書の習慣がなくて本はまったく読んでおらず、学校の課題の読書感想文を書くために、年に1冊だけしか本を読まなかったそうです。

ところが友人に大変な読書家がおり、彼はドストエフスキーの作品を一生懸命に読んでいた。友人があまりにも熱心にドストエフスキーの作品を読むので、その影響を受けて自分も読むようになった。

そして、高校2年生の10月9日と日付まで具体的に覚えておられましたが、その夜、勉強をしていたら、突然頭の中に『罪と罰』の話の内容が渦巻いて、ストーリーがどんどん展開して不思議な感覚になり、翌朝起きたときには「オレは小説家になろう!」と思ったそうです。

それでお父様に「小説家になりたい」と言ったところ、「それは良い考えだが、小説家では生活が大変だろうから、とりあえず医者になりなさい」と言われ、医学部志望は変えずに勉強を続け、浪人して大阪大学医学部へ進学されました。

医学部へ入学後も小説家になるためにずっと小説を書いていましたが、まったく売れませんでした。

久坂部さんはその頃から人間に興味を持ち始め、医学部では解剖の実習よりも、献体の人生に興味を持ったとおっしゃっていました。

外科が格好いいと思ってそれを専門にしたものの、末期の医療に携わっているとほとんどの人が助からない。そして、医者は助かると思う人には一生懸命に治療を行うけれど、助からない場合はそうではないということを強く感じたようです。

久坂部さんは末期の医療にかかわって精神的にもキツくなってきていたところに、たまたま新聞で外務省医務官募集の記事を見かけ、33歳でサウジアラビアやオーストリア、パプアニューギニアで医療活動を行う医務官になられました。

しかし、親も高齢になってきたため日本へ戻ってこられ、帰国後はデイケア施設へ入職し、高齢者のお世話をしながら小説を書いていました。

朝4時に起きて小説を書く生活を送り、結局、志を立ててから31年後に書いたエッセーによって、ようやく作家の道が開けたそうです。


久坂部さんはこのようにおっしゃいました。

「人生の中でスイッチが入る瞬間があった。私は高校2年生の10月9日の夜、小説家になろうとスイッチが入ったのです。その後まったく芽が出なかったのですが、努力の成果はあとからついてきます。編集者からは、『若い頃に入選していれば、すぐに挫折していたでしょう。若いときに素晴らしい作品が書けたとしても、蓄積がないから続かないものです』と言われました。

自分の作品はなかなか入選しなかったため、医療へ進み、海外へ行き、そして高齢者デイケアサービス施設へ行って、さまざまな人たちが死を迎える様子を見ました。遠回りをしてきたことで人生の経験を積み、それが小説を書き続けられる原動力になっています。人生は目先の良し悪しで判断してはいけません。努力は必ず報われるとは言いませんが、努力の成果はあとからついてくるのです。

ポイントは、成功するためのやり方を考えるのではなく、成功するまで続けられるかどうかです。続けられれば成功するし、続かなかった人は成功しないのです」。

まさに、深般若波羅蜜多《しんはんにゃはらみった》を行ずるとはこのことだと思います。目先のことに左右されず、自分の志を持ち、飛び抜けて成功するまで粘れるかどうか。

諸君も、目先の損得も大切ですが、自分の将来の方向性を見定め、成功するまで粘ることが大切だと思いましたので紹介しました。

今朝の話はこれで終わります。

与えられた環境でベストを尽くす

おはようございます。

友人が持ってきてくれた記事が面白かったので、今日は元中日ドラゴンズの山本昌《やまもとまさ》さんという左投げのピッチャーの話を紹介したいと思います。

山本昌投手は左投げのピッチャーで、生涯で219勝をあげました。山本投手のすごいところは、30歳までの段階では81勝で、それ以降に138勝もしているのです。最後の勝利は49歳のときです。50歳までピッチャーを続けるのは普通のことではありません。それで私は非常に注目していました。

山本投手が最初にピッチャーで投げたのは小学4年生のときで、5回で36点も取られたそうです。36点取られて泣きながらマウンドを降りると、父親が「最後まで本当によく頑張った」と言ってイチゴミルクを買ってくれたそうです。

やがてドラフト5位でプロ野球へ入り、3年目のアメリカキャンプオープン戦ではすぐにノックアウトされます。

当時の星野仙一《ほしのせんいち》監督に「アリゾナに残って野球留学しろ」と言われ、非常に落ち込んだそうです。当時、アリゾナではドジャーズのフロントにアイク・生原《いくはら》という日系人がおり、この人が落ち込んでいる山本投手を励ましてくれたそうです。

山本投手は、英語もできないときに声をかけてくれたアイク・生原氏をいろいろと頼ったと言います。

山本投手は、あるゲームで15回まで0対0、リリーフで登板したところ、ノーアウト満塁に陥ります。コーチがベンチから出てくると、アイク・生原氏も通訳として一緒に出てきます。

山本投手が思わず、「ごめんなさい」と言うと、アイク・生原氏が「何をゲームが終わったようなことを言っているんだ！　まだ途中だろうが！　最後までちゃんとしろ!!」と怒ったそうです。

そこで山本投手は「本当だ、まだゲーム途中だった」と、ハッと気づきます。

結局、見事に抑えたものの、コーチ陣から「決め球をつくるべきだ」とアドバイスがあり、そこでスクリューボールを身につけます。

決め球のスクリューボールを投げるようになって3～4連勝をあげると、それを聞きつけた星野監督から「日本に帰るように」と指示があり、帰国後は中日のエースになりました。

山本投手が言うには、「与えられた環境でベストを尽くせない人は、環境を変えても同じである。どんな環境でも、投げ出さずにベストを尽くす者にチャンスはやってくる」。

諸君に置き換えてみると、上のクラスから落ちてしまったからといって、嫌になって投げ出してはいけないということです。与えられた環境・クラスでもベストを尽くしていれば必ずチャンスがめぐってくるのです。

清風は、「幸福の中に希望を見出す」ということをよく言います。「深般若波羅蜜多」を行ずるとは「核心に触れるまで努力する」ということです。環境が整っていたら核心に触れるまで努力するが、環境が整っていなかったら努力できないというのではダメです。

北京オリンピックのとき、日本は野球でなかなか勝てず、解説者は「ボールの品質が悪いから」などと言いました。するとダルビッシュ投手が、「ボールの品質が悪いから力が発揮できないのはプロではない」と言ったそうです。

これからの時代、環境は目まぐるしく変化します。諸君が活躍する場面でも、良い条件が一気に悪い条件に変わることもあるでしょう。

しかし、どんな環境・場面でもベストを尽くす。これこそが清風魂であり、深般若波羅蜜多を行ずるということです。

クラブ活動でレギュラーから外れたり、クラスが変わったりといろいろあると思いますが、自分に対する期待感をなくさずに頑張ってほしいと思います。そうすれば必ずチャンスがめぐってきます。

今朝の話はこれで終わります。

批判は必ず真理を含んでいる

おはようございます。

毎日放送の「サンデーモーニング」という番組の、スポーツニュースのコーナーは諸君も知っていますね。元野球選手の張本勲《はりもといさお》さんが、「喝《カツ》」とか「あっぱれ！」とか評価するコーナーです。

その番組で、以前、こんなことがありました。サッカーの三浦知良《みうらかずよし》選手がＪ２でＪリーグ最年長ゴール記録を更新するゴールを決めたというので、張本さんが、本来だったら褒めなくてはならないのだけれども、喝だ、もういい歳なのだからＪ２にいつまでもしがみついていないで若い選手に席を譲りなさい。喝だ、もう早く辞めなさい、ということを言った。

そんなことを言うと批判がものすごく来ますよと、司会の関口宏《せきぐちひろし》氏も言った。案の定、その後ネットで話題になり、張本はなんということを言うのだと批判された。

私も張本氏は番組を辞めなくてはならないのではないか、あるいは謝罪をしなくてはならないのではないかと思っていましたが、そうはならなかった。なぜかというと、張本氏に批判された三浦知良選手が、これは自分への批判ではなくて、激励だと思っている。そう思って頑張ろうと思う、と言って騒がなかったからです。それでネット上も沈静化したのです。


そのことで三浦知良選手は日経新聞からインタビューを受けていて、次のように答えていました。

プロフェッショナルというのは、すごく高いものを求められる。だから、厳しい批判を受けることも覚悟しなくてはならない。場合によっては、自分はもうこれで続けられない、辞めなくてはならないというくらいのプレッシャーを自分にかけないと、成長していくことはできない。

日本のファンはわりと優しいほうだけれど、自分は若い頃はブラジルにおり、その後、わずかな期間だったがヨーロッパのセリエAにもいた。そこで自分が学んだことは、「批判というものは、必ず真理を含んでいる」ということだった。

たとえば、まったくサッカーを見たことのない女の子が自分の試合を見て、全然面白くなかった。たいしたことなかったと批判したとして、それは彼女がサッカーを知らないからだというふうに相手のせいにしてしまうと、もう自分は成長しない。

もちろん、自分には自分なりの考えというのはあるけれど、批判は一面の真理を含んでいるものなのだ。だからそれを的外れであると切り捨てるのも、不愉快だと言うのもよくない。

今、自分はJ2にいて、張本さんには2軍だと言われたけれど、自分はそんなふうに思っていない。J1を目指す新進気鋭の若いエネルギーに満ちた選手たちと一緒にやっているのだが、そこは計算を外れたような情熱的なプレーがたびたび出るようなステージであり、自分はJ2の試合は面白いと思っている。

しかし、はじめて観戦に来た女の子が自分たちのプレーを見て、面白いなあというふうに思わせるのでなくてはならない。それがプロの仕事なのだと。

批判にさらされたとき、そこに含まれている一面の真理をちゃんと汲み取って、それを自分の成長の糧《かて》につなげていくのがプロだと思っている。だから僕は張本さんが言ってくれたことについては、自分がまだまだ成長していくための糧だと考えて、「自分はこれから頑張りたい」とコメントしました。

これを読んで、ああ本当にそうだなあ、三浦選手は立派だなと思いました。人から批判されたりすることはよくあるものです。もちろん、それは的外れということもあるでしょう。

しかし、批判が一面の真理を含んでいるというのは本当です。その受けた批判の中の一面の真理から、きちんと自分が成長できる糧を汲み取れるのがプロであるということでしたが、この話はそれだけで終わらないと思います。

私たちが人間として成長していけるかどうかのポイントではないかと思うからです。この話が面白かったので、紹介してみました。

諸君も自分の心に照らしてみてください。

お母さんや先生、友達から批判を受けたときに「それは違う」と思うのも結構です。しかし、その中に一面の真理はある。その真理から反省して、自分が成長していく糧にできるかどうか。これが、「ほんまもん」の人間として成長していけるかどうかの境目だと思います。ぜひ参考にして実践してもらいたいと思います。

今朝の話はこれで終わります。

困難が自分を成長させてくれる

おはようございます。

今日は、一流のバット職人で、イチロー選手などが絶大な信頼を寄せている久保田《くぼた》五十一《いそかず》さんの話をします。

久保田さんは数々の有名選手のバットを製作し、黄綬褒章《おうじゅほうしょう》も受章された方であります。71歳を迎えられ、2人のお弟子さんも一人前に成長されたため、引退を決意されたのを機会に、テレビで特集番組が放映されました。

その番組で心に残ったシーンがあります。それは、インタビュアーが久保田さんに、「バット製作でもっとも大切なことはなんですか?」と質問した場面です。インタビュアーは、高い技術力というような答えを期待していたのだと思いますが、久保田さんは「心」「熱いハート」と答えたのです。

久保田さん曰く、「技術は時間があれば受け継ぐことができる。しかし、『心』『熱いハート』は、時間がどれだけあっても受け継ぐことができない」と。ゴルフを例にとると、どんなに多くの練習時間を費やしても、それだけでシングルプレーヤーにはなれない。「俺は必ずシングルプレーヤーになってやる」という「熱いハート」を持って練習に励んではじめて実現できるということです。

また、2人のお弟子さんには、「困難なお客さんが出てくることを祈っている」ともおっしゃった。それはどういうことかというと、次のようなご自身の経験を話されていました。

久保田さんにとって最初の困難なお客さんは谷沢健一《やざわけんいち》さんでした。谷沢選手は、練習には久保田さんのつくったバットを使用しますが、試合では使ってくれない。そこで、なぜ自分の製作したバットを試合で使用してもらえないのかと、直接本人に質問した。しかし、谷沢選手は「良いバットです。特に注文はありません」と言うだけで、問題点を指摘するような返事はもらえなかった。悔しくて、もっと良いバットを製作することに専念したけれど、それでも試合では使ってもらえなかった。

非常に悔しくて、また情けなくて、もう諦めようかとも考えていたある日、いつものように試合を見学していた。

谷沢選手は、ネクストバッターズサークルには久保田さん製作のバットも持って行くのに、バッターボックスに入るときには、案の定、違うバットを持って行った。それを見て、谷沢選手の試合を見るのは今日で終わりにしよう、その代わり、最終回まででしっかり見ようと決心した。

すると、これまではバットだけしか見ていなかったために気づかなかったけれど、谷沢選手がベンチからネクストサークルへ、さらにバッターボックスに入るまでの表情を見て、ハッとした。彼の表情が、「真剣な」という表現を超えて「鬼気迫る」ものだったからです。

谷沢選手のバットをつくるとき、自分は技術の向上ばかりに気を配り、今、目の前の谷沢選手が見せているような鬼気迫る気持ちではつくっていない。そこに気づかされた。

それから久保田さんはバットづくりを一から見直した。材料となる木材の選定には自ら北海道まで足を運んで原木を直接見て触って選定し、気持ちを込め、谷沢選手が喜んでくれるようにと願いながら製作した。

こうしてつくったバットを持参したところ、谷沢選手はそれを試合で使ってくれたというのです。


もうひとつ難しかったのは落合博満《おちあいひろみつ》選手のバットだった。まったく同じように製作した何本かのバットを納めたところ、落合選手は使えないバットにマジックで「×」印をつけて返品してきた。その理由を聞いたところ、「グリップの径が太い」と言われた。

調べてみると、返品されたバットのグリップは、採用されたものより0・2㎜だけ太いことがわかった。しかし、たった0・2㎜太いだけで返品されたことを久保田さんは非常に腹立たしく思った。

しばらく後、落合選手は久保田さんに、どのようにしてバットを振ってボールに当てるかを説明した。バッターボックスで構えたときからボールに当たる瞬間までは、バットは軽く握っていて、ボールに当たるその瞬間に「足・腰・筋力」を駆使して自分の持てるすべての力をバットに伝える。したがって、バットに力を伝えるポイントとなるグリップは非常に繊細であり大切である。こんなに太いグリップでは滑ってしまうのだと。

このときも、もうやめようかとも思ったけれど、0・2㎜にこだわる落合選手の心意気に見合うようなバットをつくろうと気持ちを切り替えた。

自分をここまで成長させてくれたのは、困難なお客さんがいてくれたお陰だ。困難にぶつかったときにこそ、自分が成長できるチャンスであると考えて努力した。その結果として今の私がある。だから弟子たちにも、「困難なお客さんが出てくることを祈っている」とおっしゃった。

私はいつも「希望の中に幸福を見出す」と言いますが、毎日を漫然と過ごすのではなく、常に自分を成長させるために高い目標を持ち、困難にぶつかったときには、これは自分を高めてくれる好機だと捉えて努力する。しっかり自分と向き合い、困難から逃げることなく真正面からぶつかって行く。その「心」「熱いハート」が生きていくうえで大切なのです。

今日はそれを諸君に伝えたくて、このお話をしました。

今朝の話はこれで終わります。

ハンディをプラスに変える

おはようございます。

先日、アメリカの有名な心理学者エドワード・E・ジョーンズの番組を見ていたら、彼が「ハンディは必要である。ハンディがあるからこそ、人は新しい境地に立つことができる」と言っていました。今日はその話をしようと思います。

諸君らが生まれるずっと前ですが、1975年1月に、ドイツのケルンでアメリカ人のピアニスト、キース・ジャレットがコンサートを開くことになりました。ケルンのホールは1400人収容の大ホールでしたが、世界的に有名なキース・ジャレットなのでチケットは完売です。

コンサートの当日、キース・ジャレットが到着すると、ステージに用意されたピアノを弾きました。そしてすぐにこう言った。「このピアノは高い音が出ない。調律がちゃんとされていない。これでは私はピアノが弾けない」。

そしてホールから出ていくと、表に停めてあったマネージャーの車に乗り込んでしまった。

さあ大変なことになった。もう数時間でコンサートが始まる。数時間で別のピアノを用意することはできない。調律師は呼べたけれど、ピアノ自体は変わらないので、音は良くならない。

キース・ジャレットはこんなピアノでコンサートはできないと言い、車から降りて来ない。そうこうするうちに雨が降り出した。コンサートを主催する女の子が、キースの車のところへ行って、びしょびしょになりながら何十分も「お願いします！」と一生懸命に頼んだ。

キースは放っておいて帰ろうかと思ったけれど、泣きながらびしょびしょになった女の子のあまりにも惨めな姿に、ついに窓を開けて「これから、君のためだけにやる。君のために特別だ」と言って車を降り、ピアノを弾いた。

ピアノは調律されているけれど、彼が思っているような音色のピアノではない。しかも高い音は出ないので、彼は中音を中心に弾いた。ところがこのケルンでのコンサートが、天才と言われたキース・ジャレットの中でも伝説になるほどの名演奏となった。

このケルンコンサートを収めたアルバムは彼の作品の中で一番売れました。ユーチューブでキース・ジャレットのケルンコンサートと検索したら出てきます。

彼は最初、そのコンサートをやりたくなかった。それでもやることになり、ピアノがダメだというハンディがあるから、ものすごく工夫をした。そうすると彼の生涯に残る最高傑作の演奏ができた。

ハンディがあることがマイナスではなくて、ハンディがあることがむしろプラスに変わるケースがあります。もちろん、みんなハンディがあることは嫌なんです。しかし、ハンディがあること自体がプラスになることもあるのです。

マイクや蓄音器を発明したエジソンは、なぜ、こうした機器を発明できたのかと尋ねられ、「耳が聞こえにくかったから」と答えたそうです。彼は耳が聞こえにくかったから、マイクや蓄音器を発明できたのです。

諸君らはさまざまなハンディがあるかもしれない。しかし、そのハンディのために投げ出してしまってはいけない。むしろそのハンディがあるからこそ、人生を工夫して過ごすから、プラスになるケースが多いのです。

清風では「核心に触れるまで努力する」と言いますが、核心に触れるということはそういうことなのです。すっと行けたら楽しくない。ハンディがありながらもそれを工夫して乗り越えていく。そのほうが大きな発見があり、新しい境地に達することができる。「うまくいかない、ハンディがある、損や、あかん」。そうではなく、ハンディがあって時間がかかるからこそ、むしろプラスになる。

さまざまなハンディをどう自分のプラスに変えられるか。そこを粘れるかどうか。乗り越えられるかどうかは自分の問題です。

今朝の話はこれで終わります。

再現できるまで復習をする

おはようございます。

そろそろ試験の答案が返ってくる頃だと思いますが、返された答案を見て、きっちり復習してください。ある調査によると、このときに復習すると3週間後の記憶定着率が70％を超えてくるそうです。復習しないと20％くらいに落ちるそうですから、答案を見てしっかり復習をするように。

復習するというのは、答案をちょっと見て「あー、間違ったぁ。残念」ではなく、なぜ間違ったのかを理解して、今度は正解を再現できるようにしておかなければいけません。

日本史の教科書に出てくる「長篠《ながしの》の戦《たたか》い」では、織田信長《おだのぶなが》・徳川家康《とくがわいえやす》の連合軍と、武田勝頼《たけだかつより》の陣営が戦い、武田軍が壊滅的な打撃を受けました。教科書には、近代戦法、つまり、織田の鉄砲隊によって武田の騎馬隊はやられたということが書かれています。そして、その後に「手取川《てどりがわ》の戦《たたか》い」というのが出てきます。これは上杉謙信《うえすぎけんしん》軍が、織田信長軍を破った戦いです。織田信長は同じ手法でもって上杉謙信を倒そうとしましたが、謙信は一計を案じます。武田の騎馬隊が敗れた理由は鉄砲である。したがって、自分たちは鉄砲への対策を講じなければならない。

鉄砲は、夜は照準が合わせにくい。だから夜襲をかける。そして火縄銃《ひなわじゅう》だから、雨天には弱い。そこで、上杉軍は雨天の夜に戦いを挑みました。

その結果、織田軍はこてんこてんにやられて、和議を申し入れるほどの敗れ方をします。しかし、上杉謙信はこの直後に死んでしまいますので、歴史ではこの戦いはあまり有名ではありません。

何が言いたいかというと、「武田、あかんかった。残念だった」ではなくて、武田は何が悪かったのかを分析したうえで、上杉謙信は戦いに臨んだから勝てたということです。

復習をするというのは、それが再現できるようにしておくということです。再現できるようにしておくことが、本当の復習です。どこで間違ったのかを確認して、正しい答えをちゃんと理解して、それを自分の中で再現できるまでにしておく。

そこまでの復習ができたら、テストの点数にかかわらず、今後の勉強での大きな礎《いしずえ》になります。今ここで再現できるまでの復習ができるかどうかで、学力のつき方はまったく変わってきます。

これからどんどん答案返却があると思いますが、しっかり復習をすること。今度は正解を出せるようになるまで復習しておくこと。

そういうことを心がけて復習をしてもらいたいと思います。

今朝の話はこれで終わります。

誘惑されるようなものは部屋の外に出す

おはようございます。

大きなお寺は人里離れた場所にあります。高野山《こうやさん》や比叡山《ひえいざん》、永平寺《えいへいじ》、身延山《みのぶさん》もそうです。これは日本だけの特徴かといえば、そうではありません。インドやチベットも、もともとは同様なのです。

それはなぜかといいますと、修行を成した方は、大勢の人や欲望にまみれるような場所にいても自分を律することができますが、初心者は欲望にまみれるような場所にいれば、やはり気持ちも心も流されてしまうため、人里離れた場所に置かれているというのです。

鎌倉時代の明恵上人《みょうえしょうにん》という僧侶は、非常に立派にご修行を成された方でありますが、このような和歌を詠《よ》まれました。

きよたきの　ふかくすみなん　水《み》のいろは
人けがすらん　そこはにごらじ

滝壺に水が注ぎ込まれていて、どれほどの泥を投げ込んでも滝の勢いですぐにきれいになってしまう。それと同じように、私の修行が成ったため、どのような人に会おうとも心を惑わされることはない。

このような境地に達していればいいのですが、そうでなければ、特に修行を始めたばかりのお坊様は誘惑に負けてしまうので、誘惑とどう闘うかではなく、そもそも誘惑から離れた場所に身を置こうということなのです。

諸君に置き換えれば、勉強部屋に誘惑されるようなものを置いていれば勉強に集中することは非常に難しいのではないでしょうか。

将棋棋士の藤井聡太《ふじいそうた》さんは、コロナウイルスで社会的活動のほとんどが滞ってしまった2ヶ月間の過ごし方を聞かれて、「2ヶ月対局が空いたぶん、自分の将棋としっかり向き合うことができたのかな、というふうには感じています」と答えていました。同じように、「自分の勉強と向き合える良い時間になりました」と言える生徒は、自室にいろいろなものがあっても問題はないと思います。

しかし、このようなことが言える生徒は、恐らく非常に少数でしょう。

今後、コロナウイルスも第2波・第3波と再び猛威を振るう可能性がゼロではありません。その場合、諸君の主戦場はどこになるかというと、それは自室なのです。

今は学校から疲れて帰って来て、ついついリラックスしたいという気持ちの緩みからゲームなどに何時間も費やしてしまうこともあるでしょう。しかし、テレワークによる映像授業が中心となれば、自分の部屋が教室そのものになるのです。その教室に誘惑されるようなものをたくさん置いているようでは、その時点で勝負は決まったようなものです。

今は映像で授業を配信している学校がたくさんあります。一部の生徒は通学も不要となり、そのぶん学習時間に充てられるからと、むしろ映像授業に非常に満足しているようです。しかし、そのような生徒はごくわずかであり、ほとんどの生徒はうまくいかず、今後は学力差が大きくなるのではないかと、多くの学校が懸念しています。

先の和歌にあった、きよ滝の水の色のように、どんなに悪い相手でも、その相手にまったく染汚《ぜんま》されることなく、清らかでいることのできる人はよいのですが、このような人は非常に稀《まれ》でありますし、基本的に人は誘惑に負けてしまいます。

ですから、自分を誘惑するようなものは勉強部屋から出すことが、勉強初心者の最初にやるべきことであります。これができてはじめて、勉強に専念する環境が整ったということであります。

今朝の話はこれで終わります。

今ここに集中する

おはようございます。

今日は仏教の話をします。

南校舎の1階に「清風曼荼羅《まんだら》」がかかっています。

清風曼荼羅は五つの色でできています。大日如来《だいにちにょらい》が真ん中に鎮座《ちんざ》しておられて、その下側が青です。普通の地図であれば北が上ですが、曼荼羅は上が西です。ですから下は東ということになりますが、そ

南校舎1階ロビーの「清風曼荼羅」（井関和代氏作）。

の東のところにあるのが青い円です。

この青い円は仏様の智恵を表わします。智恵の仏様のことを大円鏡智《だいえんきょうち》と言います。

大円鏡智とはどのようなものか、高野山大学の堀内寛仁《ほりうちかんじん》先生に聞いたことがあります。

すると堀内先生は、大円鏡智というのは芥川龍《あくたがわりゅう》之介《のすけ》の『蜘蛛《くも》の糸』という小説と関係があります、とおっしゃいました。

『蜘蛛の糸』は、ろくなこともしなかった悪人が、あるとき一度だけ蜘蛛を助けたことがあった。お釈迦様はそれを見ておられ、悪人に一度だけチャンスを与えてくださったというお話です。

悪人は地獄へ落ちるような悪いことばかりしていたので、その結果、地獄へ落ちた。しかし、お釈迦様はその悪人に一度だけチャンスを与えようと、蜘蛛の糸を地獄へ垂《た》らします。

糸を見つけた悪人は、ああこれで助かったと思って、その蜘蛛の糸をどんどんどんどんどんのぼって極楽へ行こうとする。ところがふと下を見ると、同じように地獄へ落ちた人々が、その糸にたくさんつかまっていた。

悪人はそれを見て、こんなにたくさんの人が糸につかまったら切れてしまうのではないかと心配になって、糸をゆすってみんなを落とそうとした。すると糸が切れて、自分も地獄へ落ちてしまった。

それを見たお釈迦様は、「ああ、あかんかったなあ」とさびしい顔をされ、そして去られたという話です。

この話のどこが大円鏡智なのでしょう。

堀内先生は、もしその悪人が下を見ずに、ずっとただこの糸を、今のぼっているところだけを見て集中していたら、きっと極楽へ行けたのだ。これが大円鏡智だとおっしゃった。

要するに、今に集中するということ、これが大円鏡智なのです。今に集中するなんて、そんなことは当たり前じゃないかと思うかもしれませんが、これは案外難しいことなのです。

たとえば授業のときにはゲームのこと考えてみたり、友達と話をしているときは別のこと考えて、家に帰って着替えるときには友達のことを考えてみたりする。今、宿題をしなくてはいけないときには、また別のこと考えてみたりする。

だいたい人は、大事な「今のここ」にいないものなのです。「今ここにいる」ということが、とても大切なのです。そういう意味で、「今ここに集中する」ことは、簡単なことではない。

大円鏡智とはまさにそれ、「今を生きる」ということなのです。

与えられた今のことに集中して努力しなければ、どんな目標も達成することはできない。これを堀内先生は大円鏡智としてお悟りのひとつの境地と説明されました。なかなか含蓄の深い言葉ですね。

今に集中すること。与えられた環境の中で集中してやっていくこと。それこそが君たちの未来につながっていくのです。

今与えられていることに集中して頑張ってもらいたい。そうして高い目標に迫っていってほしいと思います。

今朝の話はこれで終わります。

第三章

リーダーに求められるもの

相手に伝わるように、伝え方を工夫する

おはようございます。

今日は野口健《のぐちけん》さんの話をします。野口さんはアメリカのマサチューセッツ州出身の日本人登山家で、１９９９年に七大陸最高峰を最年少で登頂という記録を打ち立てました。

野口さんはいくつもの命をかけた冒険を通して、自分の持てるすべてを出し切って力いっぱい生きておられる。そうしたひとつひとつの行動からしっかり学び、それを今後に活かす力を備えたすごい方だと思います。

つまり、何かひとつでも失敗したら、その失敗から成功に導く何かを学ぶ力を体得されている方であります。

また野口さんは、さまざまな本物の体験を人に伝える力を持っている方であること

郵便はがき

料金受取人払郵便

牛込局承認

9410

差出有効期間
2021年10月
31日まで
切手はいりません

1 6 2-8 7 9 0

東京都新宿区矢来町114番地
神楽坂高橋ビル5F

株式会社ビジネス社

愛読者係 行

ご住所　〒 TEL:　(　　)　FAX:　(　　)		
フリガナ お名前	年齢	性別 男・女
ご職業	メールアドレスまたはFAX メールまたはFAXによる新刊案内をご希望の方は、ご記入下さい。	
お買い上げ日・書店名 年　月　日　市区町村　書店		

ご購読ありがとうございました。今後の出版企画の参考に
致したいと存じますので、ぜひご意見をお聞かせください。

書籍名

お買い求めの動機

1　書店で見て　　2　新聞広告（紙名　　　　　　　　）

3　書評・新刊紹介（掲載紙名　　　　　　　　　　　）

4　知人・同僚のすすめ　　5　上司、先生のすすめ　　6　その他

本書の装幀（カバー），デザインなどに関するご感想

1　洒落ていた　　2　めだっていた　　3　タイトルがよい

4　まあまあ　　5　よくない　　6　その他(　　　　　　　　)

本書の定価についてご意見をお聞かせください

1　高い　　2　安い　　3　手ごろ　　4　その他(　　　　　　　　)

本書についてご意見をお聞かせください

どんな出版をご希望ですか（著者、テーマなど）

も強調しておきたいと思います。私は、21世紀は話し合いの時代であるといつも言っていますが、自分の思いや考えをしっかり伝えることが非常に大切であると考えています。

以前、野口さんの事務所は、東京・平河町にある砂防会館という政治家の事務所がたくさん入っている建物にありました。野口さんは政治家を目指しているわけではありませんが、さまざまな活動には国の許可や行政のサポートを必要とする場合も多く、そうした申請などに便利なので、事務所を砂防会館に構えたということです。

場所柄、多くの街宣車が往来するところでもあり、事務所にいると必然的にさまざまな街宣活動を耳にする機会が多かったそうです。そして、よく聞いてみると、街宣車から聞こえてくる話の内容には、〝なるほど〟と思える内容も多く、ついつい聞き入ってしまったらしいのですが、事務所の窓から通りを行き来している人を観察してみると、大半の人は顔を顰《しか》めている。つまり、聞いていない人がほとんどだったそうです。

野口さんは、これは自分にとって非常に重要なことだと思ったそうです。どんなに正しく良いことを言っていても、伝え方が悪ければまったく人には伝わらず、逆効果にさえなることを目の当たりにしたからです。

諸君たちにもこんな経験がないでしょうか。自分の言っていることは絶対に正しいのに、なかなか人にそれが伝わらないという経験。それは、伝え方が悪いのです。そういう場合、つい相手の聞き方に問題があるように思ってしまいがちですが、実は伝え方が悪いのです。

話し合いの時代には、話の内容ももちろん大切ではありますが、自分が伝えたい内容をしっかり伝えるための工夫をすることが、さらに必要とされるのです。

言いたい放題言って、すっきり自己満足で終わらせてよいなら話は別ですが、自分の考えをしっかり相手に伝えたいと願うのであれば、伝える方法が重要です。

自分が本当に言いたい（伝えたい）内容を、相手がしっかり受け止めていないと感じたならば、相手を責めるのではなく、自分の伝え方に問題があるのではないかと思い、どのように伝えたらよいのかを考えられるようになること。このような姿勢が学びの姿勢であり、失敗を次の成功に導く能力にもなるのです。

今日は野口健さんの話を紹介しましたが、諸君たちも自分の場合に置き換えて考えてみてほしい。そして人生のさまざまな出来事から、しっかり学べる柔軟な考え方を身につける努力をしてください。

21世紀にさまざまな分野で活躍する人材になってくれることを期待します。

今朝の話はこれで終わります。

クラブ活動が非認知能力を育てる

おはようございます。

週末に、慶應義塾大学の中室牧子《なかむろまきこ》先生の講演会を聴講してきました。中室先生は『「学力」の経済学』（ディスカヴァー・トゥエンティワン）という本を書かれてベストセラーになりました。

その本に出てくる、「非認知能力」というキーワードについてお話しをします。

アメリカのシカゴ大学にジェームズ・ヘックマン博士という方がおり、彼は国が実施した「ペリー幼稚園プログラム」の追跡調査をしました。

ペリー幼稚園プログラムとは、3～4歳のアフリカ系アメリカ人の貧困層家庭から無作為に60名程度を選出し、就学前教育を実施したものです。平日、午前中2時間半ほど読み書きや歌の勉強をして、毎週1時間半の家庭訪問を実施するというプログラムで、これを2年間行うというものでした。

このプログラムを受けた子どもの「認知能力」、すなわち学力は、小学校に入った時点ではプログラムを受けなかった子どもより高いのですが、9歳の頃には学力差は見られなくなるという結果でした。つまり、ペリー幼稚園プログラムの効果は、学力に関しては2年間ほどしかもたなかったのです。

ペリー幼稚園プログラムが実施されたのは1962年から5年間ですが、ヘックマン博士は以降40年にわたって追跡調査研究を行いました。この追跡調査研究の成果により、ヘックマン博士はノーベル経済学賞を受賞しています。

ヘックマン博士の追跡調査によると、認知能力、つまり学力に関しては、プログラムを受講した子どもと、受けなかった子どもの間に差が見られなかった。

しかし、非認知能力、すなわち自分を自制する力、努力することの尊さ、何が正しくて何が間違っているかの倫理観、他者とのコミュニケーション能力などは40年後も保たれており、プログラムを受講した子どもたちは結果的に収入も高く、仕事においても高い地位に就いている人が多かったのです。わずか2年間のプログラムで、です。

中室先生によるとこうした教育は、本当は小学校のときから行ったほうがいいけれど、最低でも中学や高校のときに学ぶことが、人生全般にわたる大きな差になる。それが40年をかけた研究によって明らかになっているとおっしゃっていました。

私たちの学校では生活指導が厳しく、毎日の朝礼もあり、ちょっとやんちゃなことをしたら般若心経を写経させられたりもします。しかし、これらはまさに非認知能力に対して大きな働きかけがあるのではないかと思っています。

この若い時期に、自己を抑制することや正しい倫理観を持つこと、核心に触れるまで努力を積み重ねていくことの大切さを身につけることは、諸君らの将来を大きく左右するのです。

これからの変化の激しい時代においては、諸君にとっては魅力的でも実は有害といった情報の嵐の中に自身を置かなければなりません。これに左右されない自制心を身につけるには本校の生活環境は優れていると思います。

安心・安全な環境で夢中になれる時間をつくり、自主的に取り組める遊びが非認知能力を育成するというのですから、これはクラブ活動もあてはまります。ですから、勉強がしんどくなってきたのでクラブ活動を辞めるという発想はそもそも間違いなのです。勉強で身につくのは認知能力、クラブ活動で身につくのは非認知能力ですから、できればどちらも続けたほうがよいのです。

もちろん、クラブ活動を一生懸命やっているから勉強をやらなくていいというわけではありません。両方をやるからこそ意味があると思いますので、心して学校生活を送ってほしいと思います。

今朝の話はこれで終わります。

吉田茂の「一流ホテル」

おはようございます。

最近、気が緩んでいるのか、乗車マナーが悪いという苦情の電話がよく来ますので、気をつけてください。

藤沢久美《ふじさわくみ》というジャーナリストの方がおられます。1000人くらいの経営者等に話を聞いて、それをまとめて『最高のリーダーは何もしない』(ダイヤモンド社) という本にされ、ベストセラーになりました。

藤沢さんが吉田茂《よしだしげる》のエピソードをフェイスブックに書いたところ、1週間以内に1200人以上に「いいね」をされたということです。みなさんも知っている通り、吉田茂は有名な元首相であります。麻生太郎《あそうたろう》さんのお祖父さんですね。

どんなお話かというと、吉田茂がある一流ホテルの手洗い場で手を洗ったところ、水の飛沫《しぶき》がすごく飛んだ。それで吉田茂は自分のハンカチを出して、その洗面台を拭き出した。当然、ホテルの人が飛んで来て、「吉田様、おやめください。係を呼びますから」と言った。

すると吉田茂は、「君、こんなことでいちいち係の人を呼んだらダメだよ。係の人がすぐに飛んで来て拭いてくれるのが一流ホテルではない。一流ホテルというのは、水飛沫をかけてしまったら、それを拭かなければいけないと思って、ちゃんと自分で拭く。そういうお客さんが常連になっているホテルが一流ホテルだよ」と言ったそうです。

学校でも、生活指導の先生方が「マナーが悪い」と注意したら、少しは良くなるでしょう。しかし、清風学園が一流校になるかどうかは諸君側の自覚の問題です。

大学にたくさん受かるところが一流校ということではありません。受験に秀でているというだけです。これからは変化の激しい厳しい時代です。大学に行っていいところに就職したら、そのまま一生安泰という時代ではありません。その人間がどういう人間か、その真価が問われる時代です。

吉田茂は、水飛沫を飛ばしたら、自分できれいにしなければいけないと思うようなお客さんが常連になるホテルが一流ホテルだと言いました。諸君の側に自覚がないと清風は一流校になりません。

逆にいうと、諸君側の自覚がきっちりできたら、それが清風のグレードを上げることになると思います。清風をどういう学校にするかは、諸君らひとりひとりの自覚の問題です。

諸君がその環境の中で、上手に自分の心を育てていける清風となるには、諸君ら側からの力がなければなりません。

以前、阪神タイガースが優勝した年に、星野仙一《ほしのせんいち》監督が「前の年と今年と、どこが違いますか」と聞かれて、「前の年の采配と今年の采配は一緒だが、去年はここがチャンスだと思ってベンチを見たら、誰も代打の用意をしてなかった。しかし、今年はベンチを見たら、自分をピンチヒッターで使ってくださいという選手側の情熱、レギュラーでない者の情熱を感じた。それで、これはいけるなと思った」と言っていました。

私たちも一生懸命させてもらいますが、諸君らも自覚して、自分の心を育てていく環境になるよう協力してほしい。みんなにはそういう環境の中で育ってほしいと思います。

私たちの学校は「福の神のコース」を目指す学校です。みんなが幸せになれるような人材を育てる学校。勉強だけできたら、あとはいい加減でもいい。それは違います。自分をどうやって高めていくか、そういうことを考えてください。

吉田茂が言った通りです。自分が汚したら自分できれいにする。そういう自覚のある人がたくさん寄ってくるホテル。そういう自覚のある人が常連になるホテルが一流ホテルです。私も清風を一流校にしたいと思っています。諸君らもそうであってほしいはずです。

自分らの心を育てる環境として、この学校を育てて行こう、整えて行こうと思うのであれば、学校では勉強して決まりを守っているけれど、帰りはマナーがめちゃめちゃというのではダメです。

ひとりひとりがしっかり自分を育てて行くんだという自覚を持ってください。人が見ていても見ていなくてもちゃんとできる人間になってほしいと思います。

今朝の話はこれで終わります。

人が見ていなくてもちゃんとする

おはようございます。

今日の産経新聞に、東京オリンピックのホストタウンとなる自治体が決まったという記事が出ていました。ホストタウンは、オリンピック前の合宿を誘致したり、相手国との交流を積極的に行っていくそうです。

京都府の舞鶴市は、ウズベキスタンという国のホストタウンになりました。戦後、ウズベキスタンに抑留されていた人たちが舞鶴港に戻って来て、そのまたくさんの人が定着したからです。ウズベキスタンと舞鶴市とはそういう縁があります。

このウズベキスタンには、数年前に亡くなられましたが、イスラム・カリモフという偉大な大統領がいました。イスラム・カリモフ大統領は日本に対して大変好意的で、麻生太郎副総理にこんなお話をされたそうです。

第二次大戦後、旧ソビエト軍に抑留された日本兵たちは、ウズベキスタンで強制労働に就かされていました。当時は、ロシアではなく旧ソビエト連邦です。

その日本人の強制労働の様子を見ながら、イスラム・カリモフ大統領のお母さんは、「見てごらん、あの日本人の兵隊さん。ソ連の軍人さんが見ていても見ていなくても、一生懸命やっているでしょ。あなたもああいう人間にならなきゃダメよ」と、いつも言っていたそうです。

１９６６年にウズベキスタンで大地震が起こり、その地域の建物はほとんどが倒壊してしまいました。ところが、ひとつだけびくともしなかった建物がありました。それは日本人がつくったナヴォイ劇場だったのです。

イスラム・カリモフ大統領はナヴォイ劇場に記念のプレートを貼りました。ウズベキスタンが捕虜にしたわけではなく、旧ソ連軍によって捕虜にされたわけですから、そのプレートには、「日本国民がアリシェル・ナヴォイ劇場の建設に参加し、その完成に貢献した」と書かれています。

こうしたことがきっかけで、ウズベキスタンと日本は交流があるのです。

人が見ていても見ていなくてもちゃんとやる。これは大変なことです。人が見ていればやるが、見ていなければしないというような人間ではダメです。人が見てようが見ていまいが、自分を律していくこと。これは日本人の伝統です。そういうことをしっかり身につけていかなければなりません。

これは21世紀のリーダーの条件だと思います。人が見ていても見ていなくてもちゃんと自分を律していける人間になるよう、心がけてもらいたいと思います。

今朝の話はこれで終わります。

グローバル化時代の愛国心とは

今日は愛国心の話をしようと思います。

愛国心について日本では第二次世界大戦のトラウマを抱えており、きちんと教えられる機会がありません。

それゆえに偏狭な愛国心や誤った愛国心、いわゆるヘイトスピーチにつながるような愛国心になったり、贔屓《ひいき》の引き倒しのような愛国心になったりして、結果として自分の国にマイナスになるような事態が起きていると私は思います。

今年、私がインドに行ったとき、ひとりのチベット人に会いました。名前をツェワン・ギャルポ・アリアさんと言います。彼は日本に6年間住んだことがあり、またアメリカに2年ほど住んでいたそうで、日本語も英語もよくできます。

しかし、なぜかチベット人の間では、あまりよく言われない人でした。

彼はニューデリーにあるチベット亡命政府の事務所で働いていましたが、日本語が上手なので、私たちのツアーのサポートに来てもらいました。

私がバスの中で、「あなたくらい日本語はもちろん、英語もできるなら、どこででも仕事は得られるでしょう。どうしてアメリカで働かないのですか」と聞いてみました。というのは、彼の奥さんと子どもさんがアメリカに住んでいることを知っていたからです。

すると、アリアさんは次のような話をしてくれました。

「実は僕は、ロサンゼルスで一生懸命勉強をして公務員の試験に受かったのです。もし僕が公務員を続けていたら、亡命チベット人であっても家のローンも組むことができるくらい待遇が良かったのです。

しかし、僕にはずっとひとつの疑問がありました。このままアメリカで働いていれば自分の家も持つことができ、生活に困ることはないだろう。やがて孫に囲まれて、自分の家で最期のときを迎えることができるだろう。けれど、その一番最期のときに、僕は大きな後悔をするのではないか――。そう毎晩毎晩、考えていました。

なぜかというと、自分はこうやってロサンゼルスの公務員試験に受かるほどの教養を身につけることができた。これは誰のお陰かといえば、ダライ・ラマ法王とチベット人のお陰です。

しかし今、チベットは民族存亡の危機にあります。そういうときに自分ひとりだけがアメリカで幸せに過ごしていていいのだろうか。それは違うのではないか。

それで奥さんに、『僕はインドへ帰ろうと思う』と話しました。すると奥さんは、『あなたの毎晩の様子を見ていたら、私も感じることがありました。あなたがいつか、そういうことを言い出すのではないかと、実はひやひやしていたのです』と言いました。

それでも彼女は僕に、『人生は一度きりだから、あなたが思うようにされたらどうですか』と言ってくれました。

子どもたちは大反対をしました。『お父さんは何を言っているのですか。給料もいいじゃありませんか』と。

それで僕は2人の子どもに言いました。

『チベット人は今、民族の危機にさらされている。このまま中国に同化されて、チベット人というのはなくなってしまうかもしれないのだ。将来、お前たちの子どもが学校に行ったときに、この時代のことが教科書に載るだろう。民族が滅んでしまうような大変なときに、お父さんはどういう行動を取ったのか。それをお前たちにはわかってほしい。

今このときに、お父さんは自分を育て、チャンスを与えてくれたチベット人と法王様に対して奉仕することが、自分の人生の正しい在り方だと思うのだ。お前たちの子どもたちがやがて学校に行ったとき、お前たちのお爺さんはどういう決断をしたのか、どういう行動を取ったのかを知ってほしいのだ』と。

そうしたら、子どもたちもわかってくれました。

それですぐ翌日、職場の上司に、『すみません。私はもうインドに帰ります』と言いました。当然、上司は非常に驚いて、『君は何を言っているのか。君は亡命チベット人だろう。亡命チベット人で公務員試験に合格することは滅多にないことなのだよ。このチャンスをみすみす逃すのか』。

それで僕は、家族に言ったのと同じ話をしました。『民族がなくなってしまうかもしれない危機のときに、自分を育ててくれたチベット人のために、自分のできることをしたいのです。後悔しないように生きたいのです。だからわかってほしいのです』と。

上司は黙って聞いていて、『部下が1年以内にこういう形で辞めてしまうことは、私にとってはマイナスだ。しかし、君の志は正しいと思う。上層部には私から上手に話しておくから、君はその志のままに生きなさい。私は応援するよ』と言ってくれました。

そういうわけで僕はインドに帰ってきました。給料はとても大きな差があります。1年間の給料全部で、アメリカに1回行って帰ってくるだけの旅費にしかなりません。2回行くのだったら、家族から仕送りしてもらわなければなりません。けれど、自分の心には何のやましさも不幸感もありません」と、アリアさんは話してくれました。

アリアさんのお話を聞いて私は大変感動しました。アメリカに渡ってまた帰って来た人ということで、周りの人からは何かよくないようなことを言われていますが、彼はそんなことは気にしていません。

自分で納得して、貧しくても、生涯をこの地で過ごそうとしているのです。人生は一度だけだから、自分が死ぬときに後悔をしたくないということなのです。

それぞれの民族には、それぞれの愛国心があるのです。他国や他の民族に対して、偏見や差別的な目で見るのではなく、対等の目線で同じように認めて、同じ目線で話し合うことが大切なのです。

相手が気に入らないからとヘイトスピーチをするような愛国心は、結果として自分の国に対してマイナスな効果をもたらします。

対等な目線で見て相手を認め、もし問題があったら対等な目線で話し合うことが、グローバル化の時代に必要な愛国心だと私は思います。

アリアさんの話は、諸君にも愛国心を考えるうえでの大きなヒントになるのではないかと思いましたので、今日お話ししました。

今朝の話はこれで終わります。

天皇陛下に学ぶ謙虚さ

おはようございます。

昨日の読売新聞に、天皇皇后両陛下（現上皇上皇后両陛下）が1992年に中国に行かれたときの話が載っていました。

これは天安門事件のあとのことで、天安門事件では民主化を求める人たちがたくさん亡くなったり、逮捕されたりしたので、各国が中国に距離を置いていた頃です。そのときに、中国政府から天皇陛下に来てもらいたいと要請がありました。本当のところ、陛下を政治に利用しようとしたのです。

中国政府による公式の歓迎は別にして、天皇陛下を迎えることへの中国民衆の熱というのは、実は全然なかったそうです。

しかし、さまざまな式典があり、そうした場できっちりと挨拶をされる姿が評判になり、評判が評判を呼んで、帰国されるときには、30万人以上の中国人が、自発的に陛下を見送ったと言います。国家元首としてこれほど謙虚な人はいないとか、中国文化への造詣も深く、天皇陛下に対して敬意を表わさない方はいないとか、地元の新聞がさかんに書き立てたというのです。

沿道に中国人の民衆の列ができていると、陛下は、とにかく車をゆっくり走らせてくれるようにとおっしゃった。陛下を乗せた車は、最低でも時速30㎞で走るように決められていたそうですが、時速8㎞で走り、しかも陛下は窓を開けてくれとおっしゃった。これはもちろん、陛下の内側から自然に出てきた、謙虚なお人柄からの行為だったと思います。領事官は何かあったらどうしようかと気が気ではなかったそうですが、結局、無事に過ぎました。

このお話は、天皇陛下が立派な方だからすごい、というのはもちろんなのですが、それ以上に、反感を持っている国民を、陛下の姿勢とお人柄によって、好意あるものに変えることができたことがすばらしいのです。

恐れ多いことだとは思いますが、私たちもこのお話に学ばなくてはならないと思います。いつも言いますが、21世紀は情報化社会であり、どんな人間であるかはすぐに伝わってしまいます。まったくごまかしがきかない、本物だけが評価をされる社会で我々は生きるのです。

敵意を持っている民衆が、帰るときにはみなが手を振って見送ったというのは、日本の経済発展によってでも、国の命令によってでもなく、陛下が日頃からご自分を律していらっしゃる謙虚なお人柄によってなしえたことなのです。私たちも、そこに学ばなくてはならないと思うのです。

最後の武器は自分の「人となり」、つまり人柄です。それが人間としての総合力ということです。勉強ももちろん大切だし、クラブで活躍もしてもらいたいと思いますが、それもすべて、自分の人柄、人間としての人となりがあってこその話です。そこが基礎です。

日頃からどうやって自分の人格を高めていくのか、そのことを心がけてもらいたいと思います。

今朝の話はこれで終わります。

自分のミスときちんと向き合う

おはようございます。

清風学園は、安心と尊敬と信頼ができる人物を理想として教育しています。安心と尊敬と信頼ができる人物とは、ミスをしない人物ではありません。ミスは誰でもするものです。そのミスときちんと向き合えるかどうかが、安心と尊敬と信頼のポイントなのです。

今の世の中、風潮的には、「そのままでの君でいい」というようなことを言っていますが、それはごまかしです。

人間は、だいたいいつでもそのままの君ではダメで、変わらないといけない課題を持っているものです。変わる必要がないということは、もう進歩しなくてもいいということです。

ミスしたときには、そのミスときちんと向き合っていくことが大事です。

仲のいい友達であって、しかも悪意があったわけではないが、少し調子にのって傷つけてしまった。そこで保護者の方も呼ばれて注意を受けた。そういうときに、小さなプライドから心を殻のように閉ざしてしまったら、そこから学ぶことは絶対にできない。実はそのときこそが学びのチャンスなのです。

社会人になってしまうと、他人から注意してもらえることはめったにありません。社会人になるとクレームを言われることはありますが、「君はそのままではいけない、人間としてもっとこういうふうにやっていったほうがいい」というような指摘をされることはほとんどありません。社会人になったら黙って排除されるだけです。「君はここがいけないから、こうしなくてはいけない」と言ってもらえるのは、学生のときだけなのです。だからつまらないプライドは捨てて、自分が大きく変われるチャンス、新しいステージに立てるチャンスだと思って、その機会を失うことがないように気をつけてほしいと思っています。

私たちの学校は今、竹中工務店に工事をしてもらっています。竹中工務店は大阪のあべのハルカスや大阪ドーム、そして東京ドームなど、国内外でいくつもの大きな建築物を担当しています。それほど大きなきっちりした会社です。

その竹中工務店に、竹中勇一郎《たけなかゆういちろう》さんという人がいます。彼は若いのに取締役で常務執行役員です。竹中工務店の初代は、織田信長《おだのぶなが》の普請奉行《ふしんぶぎょう》だったそうです。竹中半兵衛《たけなかはんべえ》とは違う人らしいですが。勇一郎さんのお父上、現名誉会長の竹中統一《たけなかとういち》氏は、十七代目だそうです。

あるとき勇一郎さんに、「十七代まで続くほどの信用を勝ち得た竹中の、他の会社にないポイントはなんですか」と聞いたことがあります。

勇一郎さんは「誠実であること」とおっしゃいました。私も少し失礼かなとは思いましたが、「誠実さだけでは月並みですから、子どもたちに話したらずっと心に残るような、なるほど、それは竹中工務店にしかないというような話はありませんか」と聞いてみたのです。

そうしたら勇一郎さんは、「それでは、おそらく他の会社にはないものをお話ししますと」とおっしゃった。

何かというと、兵庫県川西市に学校の体育館より大きな建物が建っていて、そこには竹中工務店が今まで担当した工事で、建築物も含めて、ミスしたものを全部展示してあるというのです。うまくいった建造物ではなく、自社が手がけて失敗したものをすべて、その大きな建物に展示してある。

そして社員がある程度の技術を身につけたら、どこがミスだったのか、どうすればよかったのかという試験を受けさせるというのです。きちんとそのミスに気づいて、そして学ぶことができた人が昇格できるという試験です。

私は「ああ、すごいな」と思いました。うまくいったものを展示するところはたくさんあるでしょう。しかし竹中工務店は、ミスしたものを全部展示している。

なぜかといえば、そのミスときちんと向き合わないといけないからであり、そのミスをごまかしてはいけないからなのです。

前述したように、安心と尊敬と信頼できる人物になろうと思うのなら、自分のミスと向き合わなくてはなりません。自分はそういうつもりではなくても人に迷惑をかけてしまった。そういうときはつらいけれども、自分の犯したミスとちゃんと向き合うのです。なぜそうしたのか。どうすべきだったのか。もしそういうことに気づけたら、新しいステージに立つことも、成長していくこともできるのです。

21世紀は情報化社会ですから、どんなに隠しても、その人がどんな人間かはたちまちにわかってしまう時代です。だからミスをしてもごまかさずに、自分の間違いにきちんと向き合うことがとても大事なのです。

これが21世紀の真のリーダーになっていけるかどうかのポイントです。

諸君たちも先生から注意されたときに、嫌でも感情的にならず、一呼吸を置いて、どうしてダメなのか、先生は何を言っているのか、どういう意味なのかというふうに考えることができたら、いちじるしく成長できるのです。注意に対して心を閉ざしてしまうことなく、大切な気づきのチャンスだと受け止めてください。

それを土台として、一挙に成長していく人間になってもらいたい。それこそが安心と尊敬と信頼できる人物であり、清風魂です。

少し話が長くなりましたが、今朝の話はこれで終わります。

第四章

「自利利他」の精神を持つ

真のグローバル人材とは

おはようございます。

私は土曜日に時折、読売新聞の広告の欄で対談をさせてもらっています。

今回は慶應義塾大学の准教授、中室牧子先生と対談させていただきました。彼女は、『「学力」の経済学』という本がベストセラーになり、非常に忙しくされています。慶應義塾大学の准教授をしながら、月に20本くらいの講演依頼があるそうです。基本的に東京以外での仕事は受けないとおっしゃっていましたが、以前からのご縁もあって、「清風だったら行きます」と快諾してくださいました。

その理由を彼女は次のように言いました。

「私がなぜ清風に来たかというと、清風の教育方針の自利利他の考え方は、グローバル人材の定義そのものだと思うからです。

現在、グローバル教育ということがさかんに言われています。しかし、英語ができることがグローバル教育だと思われている感じがあります。それはまったく違います。これから英語ができるのは当たり前でしょうが、英語を話せるようにすることがグローバル教育ではないのです。もし、英語を話せる人材がグローバル人材だとするなら、アメリカ人は全員グローバル人材だということになります。

でも、そんなことはありません。グローバル人材とは何かというと、多くの人の役に立とうと思って、自分を高めようと頑張っている人のことなのです。これこそがグローバル人材なのです」。

そう対談のはじめに言ってくださり、とても嬉しく思いました。

２００８年にノーベル経済学賞を取ったポール・クルーグマンという人がいます。現在、日本ではアベノミクスという政策が行われていますが、これは安倍《あべ》晋三《しんぞう》首相が考えたことではなくて、このポール・クルーグマンの考え方だと言われています。要するに、円安にして輸出をさかんにするという考え方です。

このポール・クルーグマンが、21世紀に必要とされる人材の条件はたったひとつ、人々の役に立とうとする人材だと述べています。他者に貢献しようと思っている人材が、21世紀に必要とされる人材だと。中室先生のお話を聞きながら、そういうことを思い出しました。

まさに清風は、多くの人のお役に立つ人材を育てようとする学園です。ただし、多くの人のお役に立とうと思うのなら、その人に中身がなくてはなりません。気持ちは大切ですが、中身がなくては貢献しようがありません。

たとえば、お医者さんになるとか、弁護士になるとか、学者になるとか、あるいは自分なりに考えていろいろなことを学んできたとか、こういうことが何もなかったら、人の役に立ちようがないのです。だから、多くの人のお役に立とうと考えたうえで、自分を高めていくことを忘れてはいけないのです。

清風の自利利他の考え方は、ギブアンドテイクの関係とは違います。「これをあなたにやってあげるから、その交換に僕にこれをやってくれ」という関係ではありません。「まず自分を高めていくことによって、多くの人のお役に立とう」というのが、清風の自利利他です。

この清風の考え方は正しくグローバル人材の定義そのものだと思います。

中室先生は大変忙しい方なのに清風に来て対談をしてくださいました。その理由は、「清風が本当のグローバル人材の教育をしているから」ということでした。大変期待されているのだと感じ、嬉しく思います。

諸君は、多くの人のお役に立つという視点でもって、自分を高めていくようにしてほしいと思います。この志を持てるかどうかがとても大切です。

繰り返しますが、起業でもなんでも、実際に成功している人が必ずしも学力が高い人かというと、そういうことはありません。しかし学力があれば、それだけで多くの人のお役に立てる貢献度が上がるでしょう。ですから学力はつけたほうがいいのです。しかしながら学力の高い人が、みな社会に貢献できるかというと、これはまた違うのですね。

そこで、間違いなく言えることは、多くの人のお役に立とうという気概でもって、自分を育てていくということ。たゆまなく、そして諦めることなく自分に期待感をもって生活すること。こういう生き方をする人は間違いなくグローバル人材になれます。

そのことをよく自覚して、よくよく自分を見つめて、目先のことにとらわれず、たまに外れてしまったりもするだろうけれども、しっかりと軌道修正して、頑張ってもらいたいと思います。

21世紀のリーダーの条件は、正しい倫理観とぶれない軸です。多くの人のお役に立つために自分を磨いていくのだということを忘れずに、毎日を送ってください。

今朝の話はこれで終わります。

慈悲の心を持つ

昨日は熊本地震で被災した熊本国府高校《くまもとこくふ》の話をしました。そうしたら、学友会で千羽鶴を折り、募金をして届けたいという申し出がありました。

私は嬉しかったので、熊本国府高校は休校中ですが、すぐに熊本国府高校の校長先生に電話をしました。千羽鶴と募金をお届けしたいとお話しすると、とても喜んでくださり、「そういうお気持ちを我々に持ってくださっていると聞いただけで元気が出ます」とおっしゃっていました。

今のところ、亡くなった方はいらっしゃらないけれど、家が全壊した生徒、先生は結構おられるということでした。また、電気も水も来ていない地区もたくさんあり、これは別の人から聞いた話ですが、今、学校は避難所になっているそうです。

諸君のちょっとした気持ちでも、あちらは「聞いただけで元気が出る」とおっしゃっていましたから、諸君たちがつくってくれたものを、私がちゃんと届けさせていただこうと思っています。

慈悲は、愛とは違います。愛は目線が対等だけれど、慈悲は上から目線のように感じるかもしれませんが、そうではありません。愛は必ず相手を好きでないと成立しませんが、慈悲は相手が好きかどうかは関係ありません。相手の気の毒な状態をなんとかしてあげたいと思うのが慈悲です。

たとえば電車で自分が座っていて、目の前にお爺さんが立たれたり、あるいは赤ちゃんを抱いたお母さんが立たれていたりすると、たいていの人は席を譲ると思います。しかし、このとき、お爺さんや赤ちゃんを抱いたお母さんが好きだから席を譲るわけではない。

慈とは慈《いつく》しみです。どういう意味かというと、相手が少しでも楽になればいいという気持ちです。悲は相手が苦しい状態から離れて楽になればいいという気持ち。慈悲というのは、そういう二つの言葉からなっています。意味としては、「気の毒だから、なんとかしてあげたい」という気持ちです。

「福の神のコース」の基本は慈悲です。「人の役に立ちたいな、人が困っていたら助けたいな」という気持ちが慈悲です。こういう気持ちが人のお役に立つ原点だと思います。

諸君は、熊本国府高校に何かしてあげたいと思って学友会で考えた。みんな無理せず、できる範囲でいいのです。わずかなことでもいい。ぜひ、そういう気持ちを届けてあげていただきたい。熊本国府高校の校長先生は、それを聞いただけで元気になるとおっしゃいました。

今朝の話はこれで終わりです。

利他の心がもたらす不思議な効果

おはようございます。

人に親切にする利他の気持ちを持つことは大切なことです。

ナチスドイツによるユダヤ人迫害が行われたとき、やがて殺されるだろうユダヤ人をたくさん救った人に、リトアニアの日本領事館に勤めていた杉原千畝《すぎはらちうね》がいます。

杉原千畝は、逃げ場を失った多くのユダヤ人たちに、ぎりぎりまでビザを発給し続け、６０００人にのぼる避難民を救ったのです。これは、後に「命のビザ」と讃えられることになります。

一方、ユダヤ人大虐殺が行われたアウシュビッツの収容所で助かった人の中に、ヴィクトール・Ｅ・フランクルがいます。収容所での体験をもとに『夜と霧』（みすず書房）

という本を書いた人です。諸君の中にも知っている人がいるでしょう。

助かった当初、フランクルも喜びが心を占めていましたが、やがて助かった人の話をたくさん聞くうちに、彼らには共通項があることに気づきました。

それは、たとえば「年老いた母を残しているから、自分は死ぬわけにはいかない」と強い思いを抱いていた人であったり、「小さい子どもたちを残して自分は死ぬわけにはいかない」、あるいは、「自分がいなくなったら組織がダメになるから、ここでは死ねない」と思った人たちばかりだったのです。

つまり、単に自分が助かりたいと思ったのではなくて、誰かのために、あるいはみんなのために自分は生き残らなくてはならないと考えた人たちが、命が助かったというのです。

こういう事実を知るたびに、利他の気持ちはすごい力を発揮するのだなと思います。

先日、あるテレビ番組を見ていました。不景気で予算が足りないために、ある地域に公的老人ホームと障害者施設とを併設した複合施設がつくられたそうです。

そこに交通事故で脳に障害を受けた男性がいた。ちょっとしたことで怒り出してしまい、一度不愉快なことがあると、3日でも4日でも怒っている。はじめは家族も交通事故だから仕方ないと考えていたけれど、一緒に生活していると、しんどくて仕方がない。お医者さんに行っても治らない。とうとう家族も音を上げて、やむを得ず障害者施設にあずけた。

この男性が入居した施設は、老人ホームと一緒になっていた。彼はもともとエンジニアだった。老人ホームの人たちは機械の使い方が全然わからないから、その男性にいちいち聞く。彼は面倒臭がらずに操作方法をいちいち教えてあげる。

老人たちは何度聞いても忘れてしまうから、毎日何度でも聞く。

こうして毎日教えているうちに、その男性の腹を立てて止まらない病気が治った。医者はなぜ治ったのかわからないと言う。機械の使い方がわからず困っている老人たちに、それを教えて親切にしているうちに、脳の病気が自然に治ってしまったのです。

利他の気持ちは医学などには関係ないと思いがちですが、この男性のように、実は自利（治癒）にきちんとつながっているのです。利他の気持ちや親切心には、「不思議な不思議な効果」があるのです。

また以前、ダライ・ラマ法王は、親切にされる側にも効果があるとおっしゃっていました。

傷ついたモルモットが2匹いる。1匹は仲間と一緒にして、もう1匹は独りぼっちにしておく。仲間と一緒にいるほうは、仲間が傷を舐めてくれる。唾液に傷を急速に治す力はないそうですが、仲間から傷口を舐めてもらうだけで、治り方がずっと早いそうです。モルモットでさえ、仲間が親切にしてくれることで自分の免疫力が活性化するのです。

当然といえば当然ですが、利他の気持ちは自分だけでなく、相手にも良い効果をもたらすのです。自利利他の精神というのは、本当にみんなを幸せにする精神です。

諸君は毎日毎日、勉強やクラブのことで考えがさまざまに取り紛れてしまうかもしれませんが、自利利他の基本、「福の神のコース」を忘れずに生活してもらいたいと思います。

今朝の話はこれで終わります。

利他だからこそ、頑張れる

おはようございます。

今日は修学旅行での話をします。

あるクラスに不登校気味の生徒が2人いて、修学旅行に来てくれるだろうかと担任の先生は心配して、ものすごくケアをしていました。私もそれを知っていましたから、心配していました。

担任の先生はいろいろ考えに考えて、その2人を同じ2人部屋に組みました。そうしたら2人とも修学旅行に来ることができた。

私も嬉しかったのですが、2人がなぜ来られたかというと、修学旅行が楽しみということもちろんあったでしょうが、「自分が行かなくて、あの子がつらい思いをしたら嫌だなあ」と思ったからだというのです。2人ともそう思ったというのです。

それを聞いて私はさらに嬉しくなりました。

以前、特定非営利活動法人ＪＥＮの木山啓子さんに、生徒に聞かせたらいいお話はありませんか、と尋ねたことがあります。

すると、スリランカで津波が発生したときの、あるお父さんの話をしてくれました。

その津波の起こる前の年に、お父さんはイラクに出稼ぎに行っていました。家族は「イラクはテロもあるし危険だから」と大変に心配をしましたが、お父さんは「お金がいる。危険だからこそお金になる」と言う。家族は「１年で帰って来てね」と言って送り出した。

電話は高いからと、手紙でやりとりをして、あと半年、あと２ヶ月、あと１ヶ月と待ちに待って、ようやくお父さんは帰って来た。家族みんなでよかったと喜んだ。

しかし、それも束の間。その１週間後に大きな津波がきて、お父さんを残してみんな死んでしまった。家族のためにイラクへ命がけで出稼ぎに行ったのに、帰って来たら家族がみんな死んでしまった……。

ＪＥＮはその地で救援活動を行っていました。ＪＥＮのスタッフたちは絶望しているお父さんを心配して、無理矢理手伝いに引っ張り出した。すると、たまたまそこに自分の子どもと同じくらいの子どもが、しかも家族全員を津波で亡くした男の子がいた。

すると、そのお父さんは、その子のために生きようとしたのです。あなたたちより私のほうが、この子の気持ちはわかるからと。

お父さんはその子の世話をしていく中で、自分自身を立て直していった。2人は赤の他人だけれど、親子みたいに親しくなったそうです。木山さんは私に、「人間は究極の状態において利他」だと言われました。

この二つの話から考えられるのは、人間の本質は「利他」であるというのは、真実だということです。「利他」だからこそ頑張れるのです。

自分のためであれば行けないけれど、相手が独りぼっちになりさびしい思いをしたら嫌だ。自分もそうだからよくわかるし、そういうことは辛抱できないから、頑張って行こうとなる。ここでは人の思いを推測するという想像力が働いています。

ですから、どんなにしんどい経験も、人の気持ちを思いやる想像力の基盤になるのです。つらい経験も、うまくいかないという経験も、決して悪いことではないのです。

自分のことで手いっぱいで他の人を見る余裕がないという人は、自分に集中している視線を変えられるかどうかと意識してください。そうすることが自分のスケールを大きくしたり、生きていく力をもたらしたりするのです。

清風は「自利利他」の精神を大事にします。しっかり自分を高めて利他の気持ちを持ってほしいと思います。修学旅行でそういうことを感じましたのでお話ししました。

今朝の話はこれで終わります。

自利利他の継続には、応援が必要

おはようございます。

清風学園では「福の神のコース」を目標にしています。福の神のコースというのは自利利他の実践のことです。この具体的なとても良い例がありましたので、今日はその話をします。

私は昔クラス担任をしていたことがあり、当時の生徒の結婚式に招かれたことがあります。たくさんの教え子たちが来ており、20数年ぶりに会いました。その中に水原《みずはら》君という人がいました。今はお母さんの姓を継いで、岸大輔《きしだいすけ》という名前に変わってお
りました。

彼に、「今は何をしているの?」と聞いたら、「僕は今、保護犬カフェをやっていま

す」と言います。「保護犬カフェって何？」と聞いたら、彼がその保護犬カフェを始めた経緯について話してくれました。

彼は大学を出た後、ペットショップに勤めたそうです。私はよく知りませんでしたが、ショップで最後まで売れ残ったペットはどうするのかというと、保健所に連れて行くのだそうです。

彼はそれにすごく抵抗があり、なんとかできないものかといろいろ考えた。しかし、単なる従業員ではどうすることもできない。政治家の力を借りようと思ってもうまくいかない。悩みに悩んだ彼はペットショップを辞めて、「保護犬カフェ」を始めたのです。

カフェを開き、保健所に行ってこれから殺処分される予定の犬をもらって来て、カフェで遊ばせる。そうして動物好きの人に来てもらい、犬のどれかを気に入ってもらえれば里親になってもらって、家に連れて帰ってもらうようにする。

始めた頃は、ペットは保健所からタダでもらってくるではないかとか、ペットショップに勤めていた頃にやっていたことから見ても偽善的だとか、徹底的にネットに悪口を書かれて、精神的にとてもつらかったそうです。

それでも応援してくれる人もたくさんあって、どうにか頑張って数年になるそうです。現在は全国で十数店舗もあるということです。

だいたい保健所に連れて来られる犬というのは、心臓が悪くなっているとか、目が見えなくなっているような犬が多いという。自分で飼っていたペットなら最期まで面倒を見てあげればいいものを、病気になったからと保健所にあずけてしまうとは、ひどい話です。

しかし保護犬カフェで、犬をもらって帰るお客さんたちは、そういった病気を持っている犬を動物病院に連れて行き、目を手術してあげたり、心臓を手術してあげたりするのだそうです。

それでも半年くらいで死んでしまうこともあるらしい。でも、半年で死んでしまっても、もらってくれたお客さんは、「いいことをさせてもらいました」とお礼を言いに来てくれるそうです。

彼は当時、東京に住んでいましたが、鶴橋にもお店があります。そこで、夫婦でこっそり行ってみたのです。どんなことやっているのかなあと思ってね。

お店は満員でしたから、これは店内を見ることはできないと思っていたら、若いカップルの方が「もう私たちは十分楽しみましたから」と、すぐ席を替わってくれました。少しでもお店が儲かるようにと、気を使っているのです。

犬の中には虐待を受けたものもいて、ずっとおかしな鳴き声を上げていました。しかし、頭や背中をさすってあげると大人しくなったりするのです。

そこに、本当に偶然に岸君が入って来たのです。彼には内緒でお店を見て帰るつもりでしたから、私もびっくりしました。岸君は、「先生！　来てくださったのですか」と大変喜んでくれました。

彼は、こういうお店はボランティアでやっていくのは無理だと言いました。1匹や2匹はあずかることはできても、たくさんの犬をしかも継続的にあずかることはできないと。私もそれは無理だと思います。継続するためには、お店の採算が取れないといけないのです。つまり、ボランティアのような「善人の道」では不可能だというこ となのです。

「福の神のコース」とは、自分を高めて人のお役に立つことをいうのですが、やはり自利もなくてはならないのです。自分が食べなくてはやっていけないからです。彼は今、食べていけるのですが、それは彼の志が高く、いろいろな人が応援してくれるからです。お店の保護犬をもらって帰ったお客さんは、それでもうお店に来なくなるかというと、そうではない。何度でも来てくれるそうです。なぜなら、このお店につぶれてほしくないからです。

岸君は用事があり、先に東京に帰って行きました。私たちはしばらく遊んだ後、帰りに飲み物代を払おうとすると、店員さんが「オーナーから決してお金をもらってはならないと言われています」と言う。私は「おごってもらうわけにはいかないから」と言って、お金を払って帰りました。

彼の店によって、保健所で処分される犬たちがこれから何千匹何万匹と救われるだろうと考えると、とてもいいことだと思います。

しかも、それでお店も採算が取れるわけです。しかし、彼は儲けようと思ってやっているわけではない。彼の志は、殺されてしまうペットたちをなんとか助けたいということです。

自利利他というのは、自分のためになることが、そのまま人のためにもなるということです。彼はまさにその通りのことを行っています。ただし、その自利利他の行いには、応援してくれる人がいなければなかなか難しい。継続的に自利利他を行うためには、多くの人に応援してもらうことが必要です。多くの人に応援してもらうことではじめて継続できるのです。

彼の話は、自利利他の「福の神コース」の例として、とても良い例だと思います。自分を高めていくことによって、多くの人のお役に立とうという高い志を持っていると、放っておいてもみなが応援してくれます。これこそが自利利他の在り様だと思いましたので、紹介させてもらいました。

今日の話はこれで終わります。

諦めずに努力を重ねる

おはようございます。

読売新聞に載せる広告のために、今回は諸君の先輩である東京医科歯科大学の宮村《みやむら》憲央《のりお》先生と対談させていただきました。

宮村先生は中学になるとき清風の理数コースに合格しました。理数合格でしたが入学後は成績がふるわなかったため、中学2年生に上がるときに、理Ⅰ標準コースへ変更となりました。標準に変わったらできるだろうと思っていたそうですが、標準コースでも成績はふるいませんでした。学校生活も楽しくなくて、遅刻ばかりしていて先生方には怒られたそうです。それでも、自分に対して愛情のある怒り方だったと思っているとのことでした。

当時、父親とうまくいっておらず、面談では父親が彼のことを滅茶苦茶に言ったため、担任の先生が「お父さん、それはあなたがいけません」と言って諭《さと》したそうです。その帰りの電車の中で、「お父さんも悪いけど、一番アカンのはオレや。一番アカンのはオレやのに、お父さんがこんなん言われてしまって気の毒やったなぁ」と宮村先生は思ったそうです。それで、「お父さんゴメン、ほんまは一番アカンのオレやわ」と謝りました。それがキッカケで、父親との関係はとてもうまくいくようになったそうです。

宮村先生は中学時代、宿題をほとんど提出しませんでした。剣道をやっていましたが、目標としていた初段をすぐに取得してしまい、中学2年生でやめてしまいました。高校に進学するときは、激励会の対象生徒でした。清風中学から高校に進学した生徒諸君は知っているでしょうが、激励会とは、成績的にちょっと大変な生徒を理事長・校長・副校長が激励する会です。

高校に進学すると担任の先生から、「何かクラブ活動をしたらどうだ」と言われてクラブ見学に行きました。最初は日本拳法部へ入部しようかと考えたそうですが、友人と相談して新体操部へ入部しました。

新体操部は中学から続けている生徒たちが大勢いました。宮村先生は剣道のときと同じように、バック転（後方倒立回転飛び）と後方宙返りができるようになったら退部しようと考えていたそうです。

バク転はすぐにできるようになりましたが、後方宙返りができるようになるまでには半年かかったそうです。

そうして、後方宙返りもできるようになり、そろそろ退部しようかと考えていると、顧問の澤賢一《さわけんいち》先生がその気持ちを見抜きます。

「宮村、退部しようと思っているだろう。ここで辞めたら、クラブ活動で何も得るものがなかったことになるぞ。しんどくても、最後までやり遂げることで得られるものは多い。それをわからないとダメだ」。

宮村先生は自分の気持ちを口に出してもいないのに、見破られたことにハッとします。そして澤先生に言われたように最後まで続けたのです。これがとても良かった。〝苦しくともやり遂げる〟ことを覚えたのです。

宮村先生はレギュラーにはなっていません。補欠選手です。しかし、高校から始めて補欠選手に食い込むのはたいしたものです。

当時、新体操部は器械体操部と同じ体育館で練習をしていました。日本最高峰の器械体操部員は、それは大変な練習を積み重ねていました。その練習を見ているうちに、「練習もせず、成果も出ない自分は最低だ」と思ったそうです。「口では〝やればできる〟と言っているが、自分は何もやっていない」と。

高校2年生になり、それまでまったくやらなかった宿題を、やっと提出するようになります。期日は守れませんでしたが、とにかく提出はするというふうに意識が変わっていきました。

化学は少し成績が良かった。あるとき、化学で好成績を収めた友人に、「オレには絶対に勝てないだろう」と言われ、宮村先生は意地になって化学を勉強します。するとそれは結果になって表われ、クラスで一番になったのです。これではじめての成功体験を得ました。

高校3年になり、センター試験では900点満点で500点に満たない結果であったため、進学せずに浪人をしました。

翌年には神戸薬科大学へ進学しますが、ここでも大学生活がうまくいきません。先輩の研究を見て、意味がないと感じると、それをそのまま口に出してしまったのです。研究室でもみんなから距離を置かれ、勉強はしていても大学生活はうまくいきませんでした。

そうした中で母校の清風高校を訪れ、恩師の先生に愚痴を言ったそうです。「やる気が出なくて、まったく勉強がはかどりません」。

すると先生は、「君はそもそも、勉強はそれほどできなかっただろう。元に戻っただけじゃないか。でも、君は変わることができた。今は全然できなくても、また変わることができるはずだよ」と言ってくれたそうです。

宮村先生は、挫折しそうだった自分にとって、とても大きな一言だったとおっしゃっていました。それから研究に励み、自身の研究分野の先生が東京医科歯科大学にいらっしゃったので、東京医科歯科大学大学院へ進学しました。

宮村先生の研究分野は肝臓です。飲酒やストレスによって傷ついた肝臓は、上手に修復がなされないと癌に変異したりします。そこで、修復をうながすために必要な酵素や、その修復のメカニズムを研究しておられます。

宮村先生の同級生には、東京大学准教授の権業善範《ごんぎょうよしのり》先生もいらっしゃいます。私との対談の前に、権業先生から宮村先生のところに電話があったそうで、「対談のときには、ノーベル賞を必ずとると宣言しろ」と激励されたそうです。

宮村先生は２０１８年から4年間、コロンビア大学で研究を重ねながら、教鞭を執られます。

「自身の研究で薬を開発し、肝臓癌や肝硬変などで苦しんでいる人、それによって家族を失う危機に瀕している人たちの不幸を取り除きたい。苦しんでいる人たちの福音になることを、生涯の目標にしています」と話してくれました。

これはまさに自利利他の精神です。

「溺《おぼ》れている人がいたとしても、自分が泳げなければ救いようがありません。自分の能力をしっかりと高め、多くの人の役に立とうと思っています。それがこの清風学園で学んだことです」と。

そして、後輩諸君にも伝言があります。

「『希望の中に幸福を見出す』という言葉は、まさにその通りです。自分は中学2年生のとき、成績がふるわずに標準コースに落ちました。なおかつ、標準コースでも成績は下位でした。

先生たちにはたくさん叱られたけれど、諦めずに努力を重ねた結果、チャンスをつかむことができました。自利利他の精神を忘れず羅針盤としていれば、きっとチャンスは訪れます」。

彼の言葉をしっかりと受け止めて、頑張ってほしいと思います。

今朝の話はこれで終わります。

主役を輝かすのは周りの力

おはようございます。

週末にテレビを見ていたら、役者の中井貴一《なかいきいち》さんとコピーライターの糸井重里《いといしげさと》さんが対談をしていました。話が面白かったので、諸君の参考になるだろうと思いました。

ひとつは、歳を取ったら涙もろくなるとよく言うけれども、それは違うという話です。涙もろくなったのは、歳を取ったからではなく、経験をたくさん積んだからだと言うべきだというのです。

さまざまに経験を積んだから、想像力が増していろいろなことをリアルに想像できるようになって、涙もろくなったのだ。単に歳を取ったからではなく、経験を積んで、人の気持ちを思い描くことができるようになったからこそ、涙もろくなるということだと。なるほどそうかと思いました。

もうひとつは、中井貴一さんのお父さんで、佐田啓二《さだけいじ》さんという大変男前の役者さんの話です。

『あなた買います』という映画で佐田啓示さんがブルーリボン賞の主演男優賞をとったとき、受賞の挨拶で「ありがとうございました。次回はぜひ、助演男優賞をとれるように頑張りたい」と言ったそうです。

佐田啓二さんが帰宅すると、奥さんが「あなたは、次の目標は助演男優賞だと話していましたが、次も主演男優賞を続けてもらいたいぐらいのことを言わないと、聞いた人はキザな人だと思いますよ」というようなことを言った。

すると彼は、「お前さんは何もわかっていない。主演男優賞をとるのはそんなに難しくない。周りが良かったら、立っていてもとれる。ところが助演男優賞をもらうというのは、自分が動かないといけないから難しいのだ」と奥さんに言ったそうです。

この話を聞いて、中井貴一さんはとても勉強になったと言っていました。

中井さんの解説によると、たとえば人通りのあるところで主役の2人が芝居をするとします。このとき、2人が多少オーバーな芝居をしていても、その後ろを通り過ぎるエキストラの人たちがとても自然に歩く芝居をしていると、その2人の芝居が本当にリアルに見えてくるのだそうです。

助演男優というのは、この周りにいる役者さんです。主役をどれだけ輝かすことができるか、それが自分にかかっていることをよく理解して、演じるのです。そして、見事に主役を輝かすことができました、と言ってもらえるのが助演男優賞です。だから、簡単にもらえるものではなく、大変難しいものだそうです。

私は、この話はただ芝居のことだけではなくて、クラスやクラブのチーム、仕事などのすべてにかかわることだと思って感心しました。たとえばクラスでもクラブでも、委員長やキャプテンといった人を輝かすのは周りにいる人たちですが、周りで彼らを輝かす役柄を上手に務めるのが一番難しいということです。

この話をぜひ参考にして、主役をさせてもらっている人は、周りが自分を盛り立てて、自分は主役をさせてもらっているのだなと、わからなくてはいけません。

盛り立てている側は盛り立てている側で、自分らによってこの主役は輝いていくのだなとわかることが大切なのです。クラスやクラブのことで、ぜひ参考にしてほしいと思います。

今朝の話はこれで終わります。

〝絵に描いた炎〟にはならないこと

おはようございます。

京都の泉涌寺《せんにゅうじ》で「カルマパ17世展」という展覧会が開かれています（2017年11月）。カルマパという方は、チベットの生まれ変わりの制度ができた最初の転生者の系統の人です。ダライ・ラマのゲルク派とは別の、カギュ派に属します。今の方は十七代目の生まれ変わりということになります。泉涌寺では、カルマパの業績や所持物などが展示されています。

チベットは今、中国の支配下にありますが、カルマパ17世は14歳のときに中国の監視の目を欺《あざむ》いて、わずかな人数でインドへ脱出しました。お籠《こも》りの行《ぎょう》をしているから誰も来てはいけないと言って、中国の警備兵も近づけず、夜中に密かに脱出を敢行しました。凍傷になるようなひどい思いをしてインドまで逃げたのです。

すでにインドに亡命していたダライ・ラマ14世は「カルマパが来たのか？」とおっしゃって、周りは来るわけがないと言いましたが、カルマパは本当にやって来たのでした。

カルマパ17世は１９８５年生まれと若いのですが、お説教が上手で、さまざまなところでお話をされています。

カルマパがおっしゃったことで、私はいくつか気になっていることがありました。ひとつは、外の世界と内の世界とはつながっている。内の世界が暗い人は、外の世界が暗く見える。逆に、内の世界、自分の心が明るい人は、外の世界が明るく見える、というお話です。これにかかわる面白い話を知り合いから聞きました。

ある町の入口にお爺さんがいました。旅人がやって来て、そのお爺さんに「この町は、どんな町ですか？」と尋ねました。お爺さんは旅人に、「あなたは今まで、どうでしたか？」と聞き返します。

旅人は、「苦労ばかりでした。とてもひどい目に遭い、しんどいことばかり。人には親切にされず、つらかった」と答えました。お爺さんは、「そうですか。気の毒ですが、あなたにとってこの町は、また同じようにしんどい町になる可能性があります」と答えました。
次に来た旅人は、同じようにお爺さんに尋ねられ、こう答えました。「人にとても親切にされました」。そうするとお爺さんは、「この町も今までと同じように、あなたは親切にされます。そういう町でしょう」と言いました。

これはどういうことかというと、自分の内なるものによって外が見えてくるということです。このクラスはひどいやつばかりだと思うのは、自分の心で思っている世界が、外側に投影されている可能性があります。
前にも話したかもしれませんが、ある心理学の先生によると、怒りで心がさいなまれる病気の人は、怒りの対象の90%が自分でつくり上げたものだそうです。執着の対象も90%が自分でつくり上げたものだとおっしゃっています。

話をカルマパに戻します。もうひとつ印象に残っている言葉があります。この言葉は私の30年来の友人、早稲田大学の石濱裕美子《いしはまゆみこ》教授が私に送ってくれた言葉です。

「絵に描いた炎になってはいけない。絵の炎は暗闇を照らすことはない。本物の炎は、暗闇に入っても周りを照らすことができる」。

いろいろな解釈はあるでしょうが、この言葉を聞いたときに、「日頃から立派なことを言っていても、その人の実態と異なっていては〝絵に描いた炎〟のようなものだ。そんな人は暗闇のように苦しい状態になれば、たちまちダメになってしまう。本物は苦しいときこそ、閉塞状態のときにこそ、日頃の研鑽が発揮できる」。

私はそういうふうに解釈いたしました。

私たちの学校は「福の神のコース」を目指しています。福の神のコースは自利利他を大切にします、自分を輝かすことによって、周りを明るくしていくこと。こういうことではないかと思います。

自分の志をしっかり立てて、同時に自分を客観的に見る。そうして自分を育てていき、周りに暗闇があったら、自分の炎によって周りの人々を照らし、導くことができるように。そういう人間になれるように頑張ってもらいたいと思います。

今朝の話はこれで終わります。

手の届く範囲で「利他」を実践する

おはようございます。

昨年の暮れの12月30日にタクシーに乗った折、運転手さんと世間話をしました。運転手さんは夜勤で、そのまま大晦日《おおみそか》の午後まで勤務し、勤務が終わり次第、京都の神社へ奉仕に行くとおっしゃっていました。

徹夜続きになるので、私は「それは大変ですね」と言いました。すると運転手さんは、こんな話をしてくれました。

「26年前に京都の神社へ初詣に行ったのですが、そのとき、ひとりのサラリーマンの方が人の波を誘導するなど一生懸命に奉仕をされていたので、思わず声をかけました。するとそのサラリーマンの方は、『一生懸命に仕事をするが、それは自分の実績や出世のため。神社に来ても結局は自分のことばかりお願いしている。だから今日は、本当に他人のために奉仕しているのです。そうすると、ものすごく清々しい気持ちになれます。あなたもやってみてはどうですか』と言われたのです。

そこで自分もやってみたところ、なんとも言えない高揚感があって、1年のスタートとしてこれほど充実したものはないと感じ、それから26年間続けているのです」。

近年、京セラの創業者稲森和夫《いなもりかずお》さんが中国で大変人気を博しているので、親しくしている京セラの役員の方にその理由を尋ねたことがあります。

「中国では宗教活動はいちじるしく制限されていますが、中国人経営者の多くは人の役に立ちたいという欲求が非常に強いのです。宗教における利他の精神を説くことは禁じられていますが、稲盛は企業人として同じことを一生懸命に訴えかけるため、中国の経営者にあれほど人気があるのですよ」と教えてくれました。

先のタクシー運転手の方も、もちろん宗教を勉強しているわけではないでしょう。しかし、人の役に立ちたいという欲求を満たすことは、自分の生命力を活性化させてくれて、その有無によって1年の過ごし方に大きな差が出てくるのだそうです。

利他の気持ちは人それぞれにあり、その気持ちが満たされたとき、生命の神秘の力が出るのではないかと思いました。

清風は「自利利他」と言いますが、「利他」は人のお役に立つこと、「自利」は自身を高めることです。

さまざまな課題を解決して人のお役に立つには、自分の能力を高めておく必要があるでしょう。ですから、自利は大切です。しかし、その「自利」は「利他」が前提であるべきだと思います。

利他の気持ちはみんな持っているはずです。それは狭い範囲でもかまいません。困っている友人に対して、家族に対して、通学途中に出会う人に対してでもよいのです。小さな利他であっても、自分の生命力を高めてくれる大切な行動だと思います。ぜひ、利他の気持ちを示してほしいと思います。

今朝の話はこれで終わります。

第五章

教養を自らの叡智《えいち》とする

教養を身につけて人間力を磨く

おはようございます。

いつも言うことですが、21世紀は話し合いの時代です。ナショナリズムの動きがどんどん強くなってきている時代だからこそ、ちゃんと話し合いで解決していく。解決する素養を身につけておく必要があると思っています。

この数年、どこの国も国益を重視していて、ナショナリズムが強くなっています。こういう時代はナショナリズムとナショナリズムのぶつかり合いになり、ついつい暴力的な解決法や差別的な意識が出てくるものです。

しかし、非暴力で解決していくためには、対等の目線で話し合う力がとても大切です。

そしてもうひとつ大切なのは教養です。教養というのはその人の人間力です。偏差値というよりは人間力です。

以前、私が担任だった岡本泰治《おかもとやすはる》君という生徒がいます。高校でものすごく勉強をして、現役で東京大学に入りました。東大を卒業して三井物産に勤めて、クウェートに行ったり、サウジアラビアに行ったりする石油の担当になりました。

そのときに感じたのは、サウジアラビアの国営企業にとって、石油を三井物産に売るのも三菱商事に売るのも住友商事に売るのも、あるいはその他の国の会社に売るのも、大きな違いはない。実際、石油の値段はあまり変わらない。

では、誰に売るかというと、気が合う人とかそういったことではなく、人間力があるなと思った相手に売ってくれるのだ。そう思ったそうです。

値段の交渉など知れている。最後は人間としての自分。もっというと、目先の商売ではなく、その人間がどれだけ大きな視点でものを考えているかで判断される。その人間力をアピールできなければ、売ってもらえない。

少し前に、ある会社の社長さんが、50億円負けてほしいという交渉のために、ドイツに行った。すると相手の社長さんはまず最初に、「禅宗では〝空《くう》〟というが、空というのは虚無主義に陥りやすいと思うが、あなたはどう思いますか」と尋ねた。50億円負けてほしいという交渉の場なのに、冒頭でそう聞かれた。自分はその質問になんとか答えられたけれど、答えられなかったらと思うと、背中に汗をかくような話だ。

相手がなぜ最初にそのような質問をしたのかというと、商売のためにこれから付き合う人間がどういう人となりなのか、教養がどの程度なのかを測ろうとしたのだと思う。自分は答えることができて、いわばテストに合格したので、商売の話に移れたと。

もちろん、偏差値は大事です。偏差値が上がっていかなければ、さまざまなことが理解できないだろうから。しかし、偏差値だけではないのです。その人のものの見方、どういうことを学んで、どういうことを考えているのか。その人の教養力がバックボーンにないと、グローバルな時代には交渉もうまくいかない。

自分の人間力を認めてもらうには、教養を身につけておかないといけません。どんなことでも学ぶことは大切です。大学に受かるためだけの勉強は、結局、そこまでで止まります。それ以上の教養は身につきようがありません。

これからのグローバルな時代は、自分の人間力、人間としての力を買ってもらわないとやっていけない時代です。それを重々意識して、教養をしっかり身につけるように日頃から心がけてほしいと思います。

今朝の話はこれで終わります。

読書をして先人の知恵に学ぶ

おはようございます。

資生堂の名誉会長をされている、福原義春《ふくはらよしはる》さんのお話をします。この方は大変な読書家で、読書は、いろいろなものごとを判断するうえですごく役に立つとおっしゃいます。

福原さんは資生堂の経営者ですから、ほかの経営者がさまざまな経営判断をするセンスに詳しいのでしょうが、そうした判断から、その経営者がよく本を読む人かどうかまでわかるそうです。つまり、人間の判断の仕方や処置の仕方に、読書家であるかどうかが出ているということです。

そこで今日は、諸君は古典を読まなくてはいけないという話です。

古典とは、時代を超えたベストセラーだと言ってよいでしょう。たとえばカエサルの『ガリア戦記』は二千年経った今でも読まれています。司馬遷《しばせん》の『史記』などもそうですね。福原さんは司馬遷の『史記』を座右《ざゆう》の書にされているそうです。

4年前のベストセラー本の名前を挙げろと言われても、すぐには言えません。ところが、二千年を超えてベストセラーであり続けているというのは、どんなに時代が変わっても、常に今を生きる人間の心に資《し》する、プラスになりうる知恵を含んでいる書ということです。

そういう教養をきっちり学びとって、現代における経営判断をするのとそうでないのとでは、何かが大きく違ってくるのだと思います。

清風学園では、諸君に「正しい判断力と鋭い断行力を養いなさい」と言います。

数年前のニューヨークタイムスの記事に、今の子どもたちが将来就職をするとき、今は存在していない職業に就く子どもが65%だと書いてありました。要するに、全体の3分の2が、今は存在していない仕事に就かなければならないのです。

それくらい変化が激しい時代の中で、諸君らは正しい選択をしていかなくてはなりません。正しい判断力と鋭い断行力とはいうものの、短い人生経験で正しい判断をするというのは、なかなか難しいものです。

短い人生経験で正しい判断をするためには、たくさんの先人の知恵を学んで、それを自分の判断の材料にしていくことが必要です。そのためにも読書は非常に大切なのです。

清風には他校もうらやむ読書論文指導部があります。この夏休みも課題が出ていると思いますが、面倒くさいからやりたくないなどと思わず、しっかり本を読み、しっかり文章を書いてください。

自分の書いた文章をきちんと添削してもらえるのは、この清風にいる間しかありません。自分の文章をきっちり添削してもらうことは大変ありがたいことですから、そのチャンスを失うことのないように、読書論文指導部の先生方にしっかり添削してもらいなさい。そして、その添削結果をしっかり復習してください。こういう作業ができるかどうかで、力のつき方はまったく変わってくると思います。

夏休みにはまとまった時間があるわけですから、たくさん本を読んで、読書論文指導部の課題にもきちんと向き合って、自分の文章力を磨いてください。

今朝の話はこれで終わります。

妥協することなく好奇心を追究する

おはようございます。

一昨日、歴史学者の成田龍一《なりたりゅういち》先生にお越しいただき、高校1年生に向けて講演をしていただきました。「歴史とは何か」というお話でした。

現在からすると差別意識があるというので問題視される1930年代の少年漫画『冒険ダン吉』を引用されて、このように時代によって国民の価値観が変化することを意識することが、歴史を意識することだというお話でした。

最後に質疑応答があり、ひとりの生徒がアイデンティティに関して質問をしました。「アイデンティティとは、他の人に決めてもらわなければならないものなのでしょうか」という質問でした。

成田先生は、「自分ひとりでは、自分がどのような人間なのかわかりません。他者とコミュニケーションを取る中で、自分がどういう人間であるのかが明らかになり、アイデンティティは確立されるものなのです」と答えられました。

また、「朝鮮半島で起きた1919年の『三・一運動』について、祖国の独立というお話がありましたが、そもそも祖国の独立とはどういう意味なのでしょうか」という質問もあり、いい質問をするなと思って聞いておりました。

最後のほうで、生徒が「歴史を多角的に見なければ、我々は将来を多角的に捉えられないということを知りました」といった謝辞を述べていましたが、これもまたとても良かったと思います。

講演の後、成田先生は「大学生でもあれだけの質問は出てきません」と非常に感心されていました。

昔の生徒はこういう講演を行っても、受験には関係がない。受験勉強だけすればいいじゃないかという雰囲気がどこかにあった。しかし、最近は、「本気で何かを学んでやろう」という生徒諸君が増えているように感じます。

これからは、良い大学を出れば、良い企業へ就職できて、それで一生安泰といった時代ではありません。そのことを肌身で感じているからではないでしょうか。

以前、スーパーコンピューター「京《けい》」の開発責任者で、本校顧問の井上愛一郎《いのうえあいいちろう》先生からもそうしたお話をうかがいました。清風の中学生が自分の文字をコンピューターに覚えさせようとしており、そのことに井上先生は大変感心されていました。

私がその意味を尋ねたところ、「人が書いた文字をコンピューターに覚えさせるソフトはすでにアメリカで開発されており、我々日本人はそれを使わされています。この生徒がやっているのは、そうしたソフトを自前でつくる過程で発生する作業であり、それに関心を持っているところが大変素晴らしいのです」とおっしゃっていただきました。

自分のことで恐縮ですが、私はチベット密教の専門書『秘密集会タントラ概論』（法蔵館）を出版しました。自分で言うのは恥ずかしいですが、仏教関係者からは非常に好評を得ています。しかし、難解は難解です。

ところが、ある生徒から、この本に関しての22の質問状を受け取りました。そこでこの生徒と対面をして、「受験勉強をせずにこのような本を読んでいて大丈夫なのか」

と言いましたが、彼には自分の知的好奇心に妥協なくやっていこうという雰囲気があり、とても感心したのです。

こうした傾向は清風独自のものなのか、今の若い世代の風潮なのかはわかりませんが、以前の雰囲気とは違っていることだけは確かです。

これからの世の中では、自らの知的好奇心を妥協なく追究し、本当の実力をつけることが大事であると感じており、こうした姿勢が表われてきているのだと思います。

自分がもっと知りたいという知的な好奇心に対して、自分が納得するところまでとことんつめていく。こうした行為は、21世紀を生き抜く人材にとても重要な要素だと思います。

清風のクラスにこういう人がひとりいるだけで、他の生徒も影響を受けるでしょう。諸君たちもそうであるように心がけて、頑張ってもらいたいと思います。

今朝の話はこれで終わります。

相手を認めなければ 相手も自分を認めてくれない

おはようございます。

最近の風潮にヘイトスピーチがありますが、諸君にはそういったことがないように、改めてお願いしたいと思います。

今日はお釈迦様のお話をします。

お釈迦様の時代にパセナーディという王様がおり、お后《きさき》様と夕涼みをしていました。

王様がお后様に、「この世で一番愛《いと》しいのは誰か」と問うたところ、お后様はしばらく考えて「この世で一番愛しいのは私自身でございます」と答えました。

王様は自分だと言ってくれるだろうと思っていたのに、お后様は自分自身と答えたのでショックでしたが、王様自身もその通りだと納得しました。

2人とも同じ結論に至ったのですが、落ち着かない違和感が残ったため、夕方でしたが牛車を走らせてお釈迦様を訪ねました。

お釈迦様に2人の結論をお話しすると、お釈迦様は頷《うなず》かれ、「その結論は正しい」とおっしゃいました。

「この世の中は、どこへ行ってももっとも愛しいのは自身である。しかしながら、もっとも愛しいのは自身であると知る者は、他の人々もみな自身が愛しいことをわからなければならない。そのうえで行動せねばならない」とおっしゃったのです。


さまざまな民族の国益が衝突する21世紀は、さまざまな問題を、戦争をせずに話し合いで解決しなければならない時代です。中国とアメリカの対立であっても、話し合いで解決しようとしています。

話し合いで解決しようとするときに大事なことは相手を認めることです。相手を認めなければ、相手も自身のことを絶対に認めてはくれません。

戦争の反対は平和ではありません。戦争の反対は、話し合いです。

話し合いで解決していくためには、互いに認め合い、同じ目線で話し合うことです。

ヘイトスピーチや差別は、相手のことを認めていません。「自分が上で相手が下」という構造です。相手を認めない人間が、周りから認めてもらえるわけがありません。その時点で、話し合いで解決する土壌を壊しているのです。違いというのは必ずあります。お互いの違いを認め合わなければなりません。それが教養というものです。

清風の生徒は、差別やヘイトスピーチなどは絶対にないようにしてください。諸君は話し合いで解決する時代のリーダーになっていかなければなりません。これからの人生では困難な問題がいくつも起こるでしょうが、それを話し合いで解決しようとするならば、一番の敵は相手ではなく、自身の中にある差別意識です。この差別意識を克服できるかどうかが、話し合いで解決できる人間としての土壌を築けるかどうかです。

もし、自分の中に差別の気持ちが出てきたときには、私が言ったことを思い出しなさい。それは自身を孤立させてしまう意識であること、人に認められない人間になってしまう意識なのだと理解し、自身を正してください。

お釈迦様がおっしゃったように、自分を大切に思う人間は、他の人も自身を大切に思っていることを理解しなければなりません。そこに、思いやりや話し合いで解決する雰囲気が出てくるのです。諸君はそういう人間であるように努力してほしいと思います。

今朝の話はこれで終わります。

粘り強く話し合いで解決する

おはようございます。

昨日、IAEAの事務局長の天野之弥《あまのゆきや》（事務局長在任期間は2009年12月1日～2019年7月18日）さんのインタビューを聞きました。IAEAとは国際原子力機関のことで、簡単にいえば核の番人です。ここの第5代の事務局長が天野さんです。

IAEAではどのような仕事をしているかというと、まず核拡散防止条約の締結国を増やすことです。それから、核軍縮。そして原子力の平和利用を推進していくことです。この3本柱で活動しています。

天野之弥さんは日本人ではじめてIAEAの事務局長になられました。事務局長に就任する際に、「広島、長崎と日本は世界で唯一の被爆国です。私が事務局長になるからには、核拡散に関して断固反対の立場を取り続けます」というようなことを言われたそうです。

彼の実績はイランにＩＡＥＡの査察を認めさせたことです。それまでの事務局長はヨーロッパに近く、イランに対して気兼ねがあったので、強いことは言わなかった。しかし、彼はズバリと言ったのです。イランは核兵器の開発をしている非常に危険な国だと言った。

その指摘が結果的には幸いして、イランはＩＡＥＡの査察を受け入れました。その代わり、経済的な支援を受けるという交渉が成立したのです。

イランは国の経済をどう伸ばしていこうかと考えているので交渉がまだしやすいのですが、北朝鮮は、現政権をどうやって残すかということに主眼が置かれているので、なかなか話がしにくい。しかし、ＩＡＥＡは、いつでも査察ができるような準備をしているということでした。

ＩＡＥＡは核の平和利用も推進しています。核の平和利用というと、原子力発電や核廃棄物の処理などの話かと思いましたが、それだけではありませんでした。

原子力技術は医療の検査にも使われているそうです。たとえばエボラ出血熱の検査は、通常は数日かかるのが、原子力技術を使って機械で測定したら数時間でわかり、エボラ出血熱の治療や感染防止に、非常に有効だそうです。

それから、癌は日本では死因の第1位です。癌というのは先進国の病気のように思っていましたが、実は、癌で死亡する人の3分の2は先進国ではなく、発展途上国なのだそうです。なぜなら、発展途上国では検査機器が整っていないからです。要するに、レントゲンなどがちゃんと整っていないために手遅れになるケースが非常に多い。特にアフリカではこうしたケースがものすごく多いそうです。

こうした原子力の平和的な利用を推進していくのも自分たちの仕事だとおっしゃっていました。

そして大事なのは、話し合いで解決していくことだとも。もちろん駆け引きもあるけれど、筋の通ったことをきっちり話し合うことによって、核の平和的利用も推進していける。そして、核兵器廃絶については、粘り強く粘り強く、何度でも話し合って解決していかなければならない。このお話が非常に印象に残りました。

これからは話し合いの時代です。話し合いによって物事を解決していかなければなりません。その前提となるのは、一面的ではなく、多面的にものを捉えること。そして、それができる知識と教養です。

しっかり知識・教養を身につけて、多面的なものの見方によって、話し合いで正しい解決ができる人間になってほしいと思います。

今朝の話はこれで終わります。

よく吟味して納得し心をアップデートする

おはようございます。

今日は仏教のお話をしたいと思います。

他の宗教と仏教に共通するのは「帰依《きえ》」することです。

これは、神と子と聖霊に帰依するキリスト教も同じで、絶対者に対して帰依をするということです。

では、仏教とキリスト教の違いはなんでしょう。

仏教の場合、帰依するだけでは救いはなく、同時に心をアップデートすることが求められます。

他の宗教の考え方によると、我々は創造主によって創られたものであり、その我々が創造主と同位になることはありません。創られた側が、創った側と同じになることはないのです。

しかし、仏教は創造主を想定しません。お釈迦様は煩悩を断ち、悟りの境地に至りました。これは普通の人が悟りの境地に至ったわけです。ですから、我々も悟りの境地に至ることができるという考え方なのです。

これが仏教と他の宗教とがいちじるしく異なる点です。


かつて、高野山へダライ・ラマ法王がお越しになった折、普賢院《ふげんいん》で昼食をとられました。その際、私の師匠で医学博士でもある普賢院のご住職森寛勝上綱《もりかんしょうじょうごう》が、「ダライ・ラマ法王は科学者とも対談をされ、科学的真理と宗教的真理は非常に近い関係、相通ずる関係だとお話をされますが、科学的真理と宗教的真理がまったく別であっても、何も問題がないのではないでしょうか」と質問をされました。

お恥ずかしい話ですが、私も同じように思っていました。それで、法王様の答えを楽しみに聞いておりますと、法王様は経典の言葉を引用しながら、

「智者《ちしゃ》（僧侶）たちよ、黄金が本物かどうかを確かめるように、私の言葉も確かめなさい。私の言葉であることを根拠に受け入れてはならない」。

と答えられました。

金が本物かどうか、叩いたり伸ばしたりして確かめるように、釈尊の言葉だからすべてが正しいと受け入れるのではなく、自身で吟味して、納得した言葉を受け入れなさいということです。

仏教には「聞思修《もんししゅ》」という言葉があります。聞いて、意図を考えて、納得したことを心になじませて心のアップデートをするという意味であり、これは仏教の特徴です。

本校は仏教を基盤とした宗教教育を実践しており、この聞思修は昨今の時流に沿っていることでもありますから、ぜひ参考にしてほしいと思います。

今朝の話はこれで終わります。

他者との違いを尊重する

おはようございます。

昨日までフランシスコ・ローマ教皇が来日しておられました。

これまでは「法王」という敬称で呼ばれていましたが、今後は「教皇」に統一することでローマ法王庁にも了承されたそうです。

教皇フランシスコはアルゼンチンのご出身であり、対話をとても大切にする方でいらっしゃるそうで、インターネットでお説教を聞かせていただきましたが、非常にわかりやすく丁寧でした。

「フランシスコ」というお名前は、中世イタリアの聖人のひとりであるアシジの聖フランシスコという、もともとは放埒《ほうらつ》な暮らしをしていたのですが、大病を患い快復した後に回心し、今でいうハンセン病患者たちや病人に対して奉仕活動をした方に、その名前をあやかったということでありました。

話し合うということについて、今日はお話をします。

高校生は世界史を勉強しているので知っていると思いますが、カトリックはその教えに背《そむ》く者を「異端者《いたんしゃ》」と認識するため、厳格な宗教だと考えられます。

どうしてそうなったかといいますと、カトリックは家族単位だからです。カトリックの家に生まれた子どもはみな洗礼を受けます。これは子どもの意志で洗礼を受けているのではありません。ですから、これは家族単位の宗教だと言えます。

ところが近年は個人の価値観が重んじられるようになり、家族の中でもさまざまな宗教信仰を持つ人が出るようになって、家族単位という基盤自体が維持できなくなってきました。

そのため、違いを認めようという方針に変わったそうです。これは今の教皇が方針転換をされたわけではないと思いますが、他者との違いを認める方向に進んでいるということです。

以前、差別のお話をしました。お釈迦様は、「自分を大切に思うならば、他者も同じように自分を大切にしていることを理解しなければならない」とおっしゃったのです。

自分も他者も、「自分を大切に思う」という意味で同じだということであり、これは同化しようということではありません。お互いを同じひとりの人間として認め合い、違いもまた認め合う、尊重するということです。

仏教にはもともと他宗教を批判してはいけないという原則があるのです。「三摩耶《さんまや》戒《かい》」という、密教の戒律の第六番目に仏教の他宗派および他教を誹謗《ひぼう》してはいけないという項目が出てきます。

以前、仏教は帰依するだけではなく、心をアップデートしていかなければならない宗教であるというお話をしました。

それぞれの人にはそれぞれの悩みがあります。たとえば、頭の痛い人に咳止めの薬を出しても効果はありません。それぞれの悩みには、それぞれに合った法というのがあるのです。仏教の教えには八万四千の法があり、それぞれの悩みにもっとも適した話をしてあげることで、人々は心をアップデートしていくことができるという考え方です。

ですから仏教では、ある人はキリスト教の法が合っている、ある人はイスラム教の法が合っていると考えます。

これは違いを理解したうえで相手を尊重するということです。決して同化させることではありません。差別をなくすということは、違いを理解したうえで尊重するということです。相手を認めない自分を、相手が認めてくれるはずがないのです。

これだけ価値観が多様になってきている今、互いに認め合うことが近年の風潮であると思います。フランシスコ教皇の姿勢を拝見して、とても対話を大切にされている方だと思いました。

諸君も違いを認めたうえで相手を尊重することができるように、日々の生活を送ってもらいたいと思います。

今朝の話はこれで終わります。

人生経験を重ねるほど、解釈が変わる

おはようございます。

私が非常に気に入っている歌に、

雲晴れて　後《のち》の光と思うなよ　もとより空《そら》に有明の月

というのがあります。私はこの歌を「空《くう》」をたとえた歌だと解釈しています。

「雲晴れて　後の光と思うなよ　もとより空に有明の月」、すなわち、雲がなくなって、月明かりが差してくる情景です。雲がなくなったことで光が差し込むわけですが、月はもともとそこにあったのです。雲がなくなったために、月がそこにできたわけではありません。

月はもともとその場所にあったのですが、雲のせいでこちらが気づかなかっただけなのです。ですから私は、この歌は「空」をたとえているのだと捉えています。

この考えをある僧侶の方にお話ししました。そうしますと「それはあるでしょう。私の解釈は、『仏様のお慈悲は、こちらが気づいていないだけで、いついかなるときも降り注いでいるものだ』と捉えています」とおっしゃいました。

私は、僧侶の方のこのお話に非常に納得しましたので、これが誰の歌かを調べたところ、浄土宗を興した法然上人《ほうねんしょうにん》の作と言われているそうです。

法然上人の歌ならば、僧侶の方の解釈が正しいかもしれないと思いましたが、いずれにしても、同じ歌でありながら解釈の仕方が異なるわけです。

こちらが気づいていなかっただけで、月はもとからそこにあるという「空」のたとえかと私は思いましたが、仏様のお慈悲はいつも降り注いでいて、私たちはそれに気づいていないという解釈もある。

これは、いずれにしても「空」です。歌は一つでありながら、そこから学ぶ教訓はまったく別のものになる。こういうことを指して、「依《よ》って分別して仮説《けせつ》しただけ」という、「空」における最難問の概念としています。

ものはこちらが判断して名づけただけ、そう思っただけであって、相手の側から成立しているわけではない、ということです。

雲晴れて　後の光と思うなよ　もとより空《そら》に有明の月

味わい深い歌ですし、それぞれの人でそれぞれの解釈があるでしょう。しかし、人生経験を重ねるほど、この歌の味わいは変わってくるはずです。

同じものであるにもかかわらず、同じ絵であるにもかかわらず、同じ本であるにもかかわらず、同じ言葉であるにもかかわらず、自分の人生経験を深めることによって、あるいは教養を深めることによって、印象が変わってくる。

この歌は、「空」の究極のたとえだと思いますので、心の隅にでもとどめておいてほしいと思います。

今朝の話はこれで終わります。

おわりに

毎日の朝礼をさせていただくにあたって、私が大切にしていることが二つあります。

ひとつは仏教の勉強を始めた頃、校祖平岡宕峯《ひらおかとうほう》先生から言われたことです。校祖から「宏一、仏教を勉強して私の批判などしてもつまらないぞ。仏教を勉強して、私の掲げた教育の理念に教義的裏付けをし、その理解を深めていくことがお前の役割だ」と諭《さと》されました。この言葉に忠実に従って、自分の仏教理解で校祖が残した教育の方針を解釈しようと努めてまいりました。

もうひとつは、２００６年にダライ・ラマ法王が第二代校長平岡英信《ひらおかひでのぶ》先生の縁で来校された帰り、新大阪駅の貴賓室で直に賜ったお言葉です。

「毎日般若心経を唱えているのはとてもよいことだ。しかしもっと大切なことは朝礼で生徒たちに仏教の話をすることだ。仏教そのものの話でなくてもいい。仏教の教義内容を織り交ぜて朝礼で話をしなさい。そうすればこの学校は、世界の他の学校と違った学校となるだろう」。

仏教は祈るだけでなく、自分の心をいかにアップデートしていくかを求められる宗教です。仏教では〝聞思修《もんししゅ》〟と言います。本文でも言及しましたが、これは内容を聞いて、それを思索して、納得できれば、心になじませていくことを意味します。慶應義塾大学の塾長であった小泉信三《こいずみしんぞう》先生の言葉に、「すぐ役に立つことは、すぐ役に立たなくなる」というものがあります。逆にすぐ役に立たないようなことを教えれば、生涯を通じて役に立つとも言われます。

心の勉強も同じです。すぐに成長を実感するのは難しいでしょう。しかし、学んで納得感を持って心を成長させていくことで、〝昨年より成長した。入学したときより遥《はる》かに成長した〟と言われるようになってもらいたいと思います。

そのために私も生徒も成長できるように、心をアップデートできるように精進していきたいものです。

東京の仏教勉強会の幹事の稲垣麻由美さんから、〝朝礼のお話を本にしませんか〟とお声がけをいただいて、この本を出版させていただくこととなりました。稲垣さんの仏教を学ぼうとする姿勢と謙虚さには尊敬の念を持っております。今回は校正まで

おわりに

お手伝いいただき、ありがとうございました。

朝礼の記録にあたっては、読書論文指導部の責任者の橋口丈志教頭先生には大変お世話になりました。そして校長室の中山類さん、井上理恵さんにはホームページで紹介されていないものも含め、朝礼のテープ起こしの煩雑な業務をしていただきました。

また写真の選定は渉外の丸山正雄教頭先生にお世話になりました。皆様の御協力に心より感謝しています。最後に、この本を丁寧にまとめてくださった編集者の山浦秀紀さんにはお礼と労らいの言葉を送りたいと思います。

平岡宏一

［著者］

平岡宏一（ひらおかこういち）

1961年大阪生まれ。清風学園専務理事、清風中学・高等学校校長。種智院大学客員教授。

早稲田大学第一文学部卒後、種智院大学を経て高野山大学大学院修士課程修了。1997年、同大学院博士課程単位取得退学。2020年、高野山大学より『秘密集会タントラ概論』で博士（密教学）を授与される。高野山真言宗僧侶。

1988年から89年にかけてインドのギュメ密教学問寺に留学し、多くの密教典籍を学んで外国人として初めてCERTIFACATE（正式に伝授されたことを示す証明」）を受ける。1990年よりダライ・ラマ法王の密教関係の通訳を10回以上務める。

清風学園では文武両道を目標に掲げ、勉学にスポーツに力を入れている。仏教に基盤を置いた心の教育を実践し、21世紀に求められるリーダー像を追求している。

著書に『ゲルク派版 チベット死者の書』（学研）、『秘密集会タントラ概論』（法藏館）、共著に『チベット密教』（春秋社）、『須弥山の仏教世界 チベット』（佼成出版）、『アジアの灌頂儀礼』（法藏館）他がある。法藏館より『チッタマニターラ　瑜伽行修道の方法』（仮題）を2020年11月に刊行予定。

清風学園のホームページ　https://www.seifu.ac.jp/

男の子のやる気を引き出す　朝のことば

2020年8月1日　　第1刷発行

著　者　平岡宏一
発行者　唐津 隆
発行所　株式会社ビジネス社
〒162-0805　東京都新宿区矢来町114番地 神楽坂高橋ビル5F
電話　03(5227)1602　FAX　03(5227)1603
http://www.business-sha.co.jp

〈印刷・製本〉シナノ パブリッシング プレス
〈カバーデザイン〉谷元将泰
〈カバーイラスト〉コバヤシヨシノリ
〈本文デザイン・DTP〉茂呂田剛（エムアンドケイ）
〈協力〉稲垣麻由美
〈営業担当〉山口健志　〈編集担当〉山浦秀紀

ISBN978-4-8284-2203-9